▲ "大李"园长和孩子们在一起

▲ "大李"参加搜狐教育年度盛典
▼ "大李"参加墨卡托沙龙,作为中方代表与德国学者对话

▲ 芭学园老师和孩子在一起
▶ 芭学园的孩子们
▼ 芭学园的"生日会"

▲ 盛装待发的老师及孩子
▼ 两个好朋友
▶ 毕业季

宝宝入园那些事儿

李跃儿园长写给妈妈的"入园指南"

李跃儿 著

北京理工大学出版社
BEIJING INSTITUTE OF TECHNOLOGY PRESS

版权专有 侵权必究

图书在版编目(CIP)数据

宝宝入园那些事儿:李跃儿园长写给妈妈的"入园指南"/李跃儿著.—北京:北京理工大学出版社,2019.3

ISBN 978-7-5682-6480-8

Ⅰ.①宝… Ⅱ.①李… Ⅲ.①家庭教育 Ⅳ.①G78

中国版本图书馆CIP数据核字(2018)第266661号

出版发行 / 北京理工大学出版社有限责任公司

社　　址 / 北京市海淀区中关村南大街5号

邮　　编 / 100081

电　　话 /（010）68914775（总编室）

　　　　　（010）82562903（教材售后服务热线）

　　　　　（010）68948351（其他图书服务热线）

网　　址 / http://www.bitpress.com.cn

经　　销 / 全国各地新华书店

印　　刷 / 三河市华骏印务包装有限公司

开　　本 / 710毫米 × 1000毫米　1/16

印　　张 / 13　　　　　　　　　　　　　　责任编辑 / 秦庆瑞

字　　数 / 145千字　　　　　　　　　　　　文案编辑 / 秦庆瑞

版　　次 / 2019年3月第1版　2019年3月第1次印刷　责任校对 / 周瑞红

定　　价 / 39.80元　　　　　　　　　　　　责任印制 / 施胜娟

图书出现印装质量问题,请拨打售后服务热线,本社负责调换

陪孩子走过幼儿园

不知道有多少家长，为孩子上幼儿园的事情纠结、无奈、痛心。他们先是不断地打听哪所幼儿园适合自己的孩子，传统的幼儿园好还是新式教育的幼儿园好，公立的好还是私立的好。离家近的口碑不好，离家远的孩子受不了，好不容易找到一个可以送宝宝去的幼儿园，又为宝宝突然到一个陌生的环境怎么适应而担心：从来没离开过妈妈的宝宝到了幼儿园怎么吃饭？怎么睡觉？遇到困难他会不会自己忍着？他会向老师求助吗？他怎么度过漫长的一天？老师对他好吗？他有没有受欺负？会不会被训斥被罚？宝宝有了问题到底该怎么办？万一和老师合不来，又要天天想着怎么给宝宝换个幼儿园，换到哪里，再经历新一轮的纠结、揪心，真是寝食难安。

难道我们的孩子非得上幼儿园吗？我们该为孩子选择什么样的幼儿园？在宝宝上幼儿园时我们该怎样帮助他们度过入园的艰难时期？听到各处幼儿园发生了那么多可怕的事，我们怎样才能放心地把孩子放在幼儿园里？

选择一个什么样的幼儿园，在孩子的一生中不能说是最大的问题，但绝对不是个小问题，这关系到如何让孩子在人生之初有良好的人格建构、持久的关注力和良好的社会性能力，将来能成长为一个理想的成人，并建立起良好的自立、自信、自尊意识，所以幼儿园这个阶段是至关重要的。

因为以上的问题，写一本关于孩子上幼儿园的书一直是我的愿望。家长们很需要这方面的信息和帮助,而我又办了这么多年的幼儿园,既了解家长又了解幼儿园,写这本书应该是最合适的人选。为了能使家长们容易理解,我试着以小说体的形式,从一个客观的角度去表达难以表达的问题,借主人公温娜之口说出家长的感受,说出幼儿园工作的特点,说出我对孩子入园问题的一些看法。书中无论是小幼儿园还是大幼儿园都有芭学园的影子,那些经验和故事都来自芭学园自身,而不是其他幼儿园的信息,如果书中所描述的人物故事与其他幼儿园类似,纯属偶然。

由于时间仓促,书中可能会有不尽如人意之处,但我希望那些正考虑为孩子选择幼儿园或家有上幼儿园孩子的家长,读了这本书后能获得一些启发,哪怕心中的困惑和焦虑能稍稍平和一些。如果再能从中看到如何让孩子在成长中获得力量,那将是我最大的收获!

李跃儿

目录
contents

引　子　001

第一章　宝宝几岁上幼儿园合适　005

第二章　该为宝宝选择什么样的幼儿园　011
第一节·寻找理想的幼儿园　013
第二节·关于公立幼儿园和私立幼儿园的争议　016
第三节·强调玩耍的幼儿园　021
第四节·参观各具特色的幼儿园　027

第三章　入园准备　047
第一节·孩子必须要上幼儿园吗　051
第二节·入园前要为孩子准备什么　061

第四章　幼儿园那些事儿　065
第一节·宝宝撕心裂肺的哭声　067

第二节·在幼儿园吃饭的问题　086

第三节·孩子为什么不愿意上幼儿园　090

第四节·孩子上幼儿园为什么总生病　097

第五节·在幼儿园被打　102

第六节·在幼儿园蹲守的一天　113

第七节·换幼儿园对孩子的影响　117

第八节·新幼儿园的风波　121

第五章　兴趣班　137

　　第一节·兴趣班的困惑　139

　　第二节·选择绘画班　142

　　第三节·舞蹈梦和钢琴梦　148

第六章　假如妈妈是幼儿园的老师　159

　　第一节·妈妈到幼儿园做义工　161

　　第二节·从局外人到局内人　164

　　第三节·面对家长的问题　171

第七章　幼儿园毕业了　177

　　第一节·珍藏美好的回忆　179

　　第二节·即将成为一年级的小豆包　183

　　第三节·父母放松的心，是孩子最好的成长阶梯　191

后　记　200

引子

孩子脱离母体，是生命中第一次痛苦的分离，没有这次分离，生命就无法发展。这次分离是出于爱，是为了另一个人的成长。

温娜和老公一直恩恩爱爱地过着二人世界的日子。转眼到了三十岁，她不知不觉地开始迷恋孩子，一见到别人抱着的小孩就忘我地盯着看。

有一次坐地铁去安定门，车上有一个妈妈抱着一个小孩，留着西瓜头，穿着一身红花被面布做的民族风衣服，莲藕一样的白胖胳膊……温娜忘情地看着。那个宝宝黑亮的眼睛竟然也不停地看温娜，还朝她笑。到站了，妈妈抱着孩子站起来朝门口走去，温娜也不由自主地跟着下车了，下车之后才发现自己下错了站。

很长一段时间，温娜的话题很多时候都是围绕着孩子的。网上的，别人讲的，朋友那里听来的……

终于有一天，温娜跟老公说："咱们要个孩子吧。"

老公不置可否地看着温娜，过了很久才说："你想好了，要了别后悔。"看来老公心里还是有些担心和纠结。温娜望着老公，坚定地点点头。

决定要孩子之后，温娜开始像高考一样下功夫做功课：保持愉快的心情可以让孩子聪明啊，每天吃一勺核桃粉对孩子大脑发育好啊，多吃苹果将来孩子皮肤白啊……肚子里的孩子八字还没一撇，温娜就已经天天在包里准备着各种各样的营养品，弄得同事每天去她的包里乱翻。

终于有一天，温娜向同事们宣布，不要再来抢她的吃的了，这些好吃的从现在开始要留给自己肚子里的孩子了。同事们一通欢呼，温娜真的怀孕了。三个月过去了，温娜的肚子一点儿变化都没有，但她还是自豪地使劲往外挺肚子，同事王姐不以为然地说："还早呢，挺什么挺。"

　　温娜的老公也时不时地贴在妻子的肚子上跟孩子讲话，还用他那五音不全的嗓子热情高涨地给孩子唱歌。温娜每天下班第一件事就是给老公讲肚子里的宝宝今天做了什么。

　　孩子就在温娜的身体里，其实温娜感觉孩子已经成为她的一部分，一直没怎么想分离的事情。

　　终于到了那个时刻，温娜被推进了产房。她生下了一个健康的女孩。看到孩子十个手指、十个脚趾一个也不缺，温娜一下子放松下来，这才感到疲惫不堪，沉沉地睡了过去。一声大哭把温娜吵醒，这才发现是自己的宝宝在哭，老公急得在地上乱转，不停地问："宝宝怎么了？宝宝怎么了？"温娜对老公说："把她抱给我，我给她喂点儿奶试试。"老公小心翼翼地把孩子抱到温娜的床上，孩子一到温娜身边就张着小嘴急切地在温娜身上寻找。温娜费了九牛二虎之力才把乳头塞进孩子的嘴里，乳头一含进宝宝的嘴里，宝宝就拼命地吸吮起来。霎时有一种电流一样的东西传遍了全身，温娜也不知道那是怎么回事，眼泪差点儿就流了出来，从此温娜再也不肯让人把宝宝抱离她的身边。温娜和孩子认识了。温娜看着这个陌生的小家伙，这就是那个在自己的身体里生活了九个月的宝宝。她给她取名叫小西。温娜把全部的精力都投入到小西身上，她是那么小，那么无助，让人不由自主地想要用全力来爱她、保护她。

　　小西睡了，温娜就躺在旁边摸着她的小手看着她睡觉。有时小西会在睡梦中露出微笑。每当看到孩子的笑容，温娜就像有暖暖的阳光照在身上一样舒服。有时孩子会没有缘由地大哭，当温娜不知道是什么原因时，会急得浑身冒汗。她想要马上找到哭的原因，好让孩子舒服和安静下来。但很多时候，除了抱着孩子摇晃，她不知道还有别的什么办法让孩子停止哭闹。

　　孩子一点点长大了，温娜开始意识到自己必须学习一些好的育儿方法。她从网上买了很多书来读。

　　书中有很多让温娜感兴趣的教育理论，这些教育理论有一个共同点，就是要按照孩子的自然发展规律养育孩子，这很符合温娜的想法。作为母亲她能很

 引 子

自然地感觉到什么对孩子是最好的。于是她在家里严格按照书上的方式对待孩子。她发现，对教育理论了解得越多，就越担心万一做得不好给孩子造成不可弥补的伤害。

小西满四个月时，温娜的产假也结束了。她不想丢掉奋斗了很多年的工作。在多方权衡下，她决定让自己的妈妈来帮忙看孩子，她认为跟自己的妈妈总是好沟通一点儿。

温娜从老家接来了母亲，母亲一进门，衣服都来不及脱就急切地扑到自己的小外孙女面前，嘴里"乖乖、乖乖"地念叨着，笑眯眯地盯着孩子上下左右地打量着，好像怎么也看不够。温娜有点儿纳闷，母亲又没见过孩子，孩子也不是她生的，她怎么那么有感情，那种感情好像比自己对孩子的感情还要强烈。

从此，母亲一天到晚总是把外孙女抱在怀里，连吃饭时也不愿意放下。温娜让妈妈把孩子放下来让孩子自己活动活动，或者在旁边陪着她逗她玩玩就可以了，妈妈不听，嘴里还说："我的宝贝外孙女，我怎么舍得让她自己躺着。"母亲每天又是抱又是亲，小西似乎黏在了姥姥怀里。

温娜很着急，她从书上了解到，孩子如果一直被这样抱着，抱到两岁就毁了。她耐心地给母亲讲了一些教育的原理，可无论她讲什么，母亲都听不进去。有时温娜讲得没有耐心了，就会朝母亲发火。两代人的观念冲突令家里的气氛越来越紧张，妈妈觉得特别委屈，在一次吵架后妈妈竟然要扔下孩子回老家去。眼看母亲的气色也越来越不好了，温娜也很心痛。没办法，温娜跟老公商量再三，决定干脆辞职在家带孩子。

一转眼小西快两岁了，温娜也要考虑小西上幼儿园的事了。她的一些朋友在孩子刚出生不久就在考虑上幼儿园的事。温娜觉得没那么严重，到时候给孩子选一家能给孩子快乐的幼儿园就行了，学不学什么都不要紧。可现在她真的面对这个问题时，她发现自己也有点儿不太清楚，到底什么样的幼儿园才能给孩子快乐。

有很多家长不惜重金地参加各种各样的育儿培训和亲子班，读了很多育儿书，但却苦于家里跟孩子在一起生活的老人和保姆无法获得这样的提升，就会

觉得痛苦和焦虑。

李跃儿 贴心话

很多老人也的确一见晚辈就会丧失理性,把孩子带出了很多问题,使孩子的发展也受到影响。所以如果不能自己带孩子,就要想办法提升保姆和老人带孩子的能力。因为老人和保姆无法花那么多的时间和精力去参加培训和读书,所以不必给他们讲很多道理,只要针对他们不恰当的方式给他们规定该怎样做就可以了。

比如:老人和保姆会认为孩子不喂饭就有可能吃不饱,追着给孩子喂饭,这时可以跟他们说让孩子自己吃饭;如果他们总把孩子抱在怀里,可以规定在孩子不哭的时候要让孩子自己玩耍;当孩子稍一磕碰和摔倒,他们大惊小怪时,可以要求在孩子摔倒时大人不要大呼小叫,先假装没看见,等待孩子自己爬起来;等等。类似这样的问题要反复督导他们按照规定的方式去做,但态度一定要平和。很多年轻的爸爸妈妈都是向老人和保姆讲了一大堆道理,而在讲道理的时候他们已经很受伤害了,容易产生抵触情绪,最后受到不良影响的是孩子。为了孩子,孩子的父母一定要和看孩子的人搞好关系,迂回地解决养育方式的问题。

第一章
chapter·1

宝宝几岁上幼儿园合适

第一章　宝宝几岁上幼儿园合适

温娜在某亲子论坛上看到有一个网名叫"丫丫娘"的妈妈的提问帖：想让孩子两岁上幼儿园吧，又觉得他实在太小，还常尿裤子尿床，去了幼儿园怎么办呢？想让他三岁上幼儿园吧，可隔壁邻居家的孩子刚两岁就送幼儿园了，三岁上幼儿园会不会太晚？

"丫丫娘"的游移不定也正是温娜此时的心理状态，在"丫丫娘"的那篇帖子后面，有很多网友的回复。温娜很仔细地看了这些回复，其中有一位网友是这样说的："其实按照年龄来分，幼儿园里小班的孩子是三四岁的，中班的孩子是四五岁的，大班的孩子是五六岁的。也就是说孩子满三周岁上幼儿园小班是比较合适的，因为三岁的孩子在语言表达能力、身体运动能力、认知能力等方面正处于一个快速发展的阶段，他需要一个更丰富、更宽阔的空间；三岁的孩子在独立生活能力方面也已经有了一些经验和积累，这更有利于他快速适应幼儿园的新环境和新生活；另外，孩子自身的发展和能力具备了这样一些基础，这很容易让他在集体生活中找到可贵的自信。"

温娜想起她一个朋友的女儿，上幼儿园的时候是三岁半，幼儿园建议让孩子上小班，这样的话，她在班里算是"大姐姐"，各方面的能力都应该不弱，便于她很快地适应幼儿园的生活。但是温娜的朋友却坚持让孩子上中班，因为她觉得自己的孩子本身比较聪明，能力也比较强，让孩子跟比她大一点的孩子在一起，能学到更多的东西。

幼儿园答应让这个孩子去中班待一段时间看看情况。过了没几天，温娜的朋友就去找园长，说还是让孩子上小班吧，女儿跟大她半岁或一岁的小朋友在一起，能力差别还是很明显的，最关键的是孩子很不开心，做什么都是"尾巴"，以前和同龄小伙伴在一起的"优势"一下子全不见了。

好在朋友及时意识到了保护孩子的快乐和自信比什么都重要。实际上如果孩子继续跟着大她一岁的孩子上中班,到了大班毕业的时候,她有可能因为年龄的问题,不能够顺利地上小学。

温娜还了解到,现在有些幼儿园开始招收两三岁的孩子,大家把这样的班级叫作"小小班",甚至还有收一岁半、两岁孩子的"小婴班"。温娜觉得如果不是家里实在没人照顾的话,还是不能让孩子这么早就上幼儿园的。那么小的孩子面对新环境,是不是像一个还没足月就被揪出窝来的小幼崽?呦呦叫着找妈妈却不知道妈妈在哪里,这样显然对孩子很不合适。

假如妈妈打算带孩子去亲子中心或者早教中心参加活动,不要太在意孩子当天学会了什么东西,老老实实地在板凳上坐了几分钟等,而应该观察孩子当时的情绪是否愉悦,如果孩子的状态是轻松而高兴的,那就是最好的结果了!至少证明孩子是喜欢这种活动形式的,有了这样高兴的体验,势必对他将来顺利地上幼儿园有很好的帮助。如果你从早教中心开始就给孩子太大的压力,比如指责孩子:你为什么不听老师的话呀?为什么要随便到处乱跑啊?人家都学小青蛙跳,你为什么站在那里像块木头啊?这几乎等同于帮倒忙了。

温娜还看了一个专业人士的讲座光盘,其中有一段关于孩子几岁上幼儿园是这样说的:孩子最好是不上幼儿园而是在家成长到六岁,但前提条件是能和几个同龄孩子一起成长,而且家长还懂得为孩子发展创造条件。如果必须上幼儿园,那么建议三岁上,因为三岁已经有了很好的理解能力,能理解妈妈离开后还会再来,而自己也需要朋友并关注他人。身体的抵抗力和生活能力也进入了一个空前的转折期,已经能够应付群体生活了。

光盘里还说:如果孩子在家的成长环境比较差,比如有家人过分娇惯

第一章  宝宝几岁上幼儿园合适

孩子,不能为孩子养成良好的生活习惯,或者看管孩子的人不断地干涉孩子,使孩子不能沉入自己的发展行动中去,这样会造成孩子将来的心智紊乱,就是上了幼儿园也不能很好地在幼儿园的集体环境中生活。还有的情况是,看管孩子的人一天到晚把孩子抱在怀里,不跟孩子交流,不给孩子机会去自由玩耍。这样抱到两岁,孩子就会失去探索能力和发展自己的能力。温娜想起了母亲带小西的方式,庆幸自己及时阻止了。

那位专业人士说:如果遇到这样的情况,父母又无力改变,那最好是找到能很好地帮助孩子,并能无条件爱孩子的幼儿园和保育中心,把孩子放到那里比放到这些严重阻碍孩子发展的人手里要好得多。

李跃儿 贴心话

一般来说,孩子三岁上幼儿园是最合适的。每一种动物都有一个离开母亲的时间,这是因为在母亲身边动物们要学习的东西,在离开母亲后无法获得。按照人类的发展规律,孩子应该在十八岁才长大,在十八岁之前都需要成人悉心照顾,而孩子零到六岁,是一个通过模仿学习的年龄。这一阶段的学习方式与任何一个年龄都不一样,在这一年龄段孩子要学习的东西很难通过讲解、问答、抄写这样的方式获得。如,在零到六岁,孩子要获得安全感和信任感;在两岁时,孩子对家人和家庭环境的探索、对父母的观察还没有完成,他们还处在对家庭生活环境的安全体系的建构期,他们刚刚开始发现可以有自己的观点,如果安全感和信任感建构得比较好的话,在两岁半时他们进入到第一个逆反期,他们开始对所有的要求说不,奇怪的是这一说不的年龄,恰好使他们通过被悉心照顾刚建立起来的安全感和信任感得到巩固。

如果在这一年龄段孩子被突然送离了他们信任的环境,在面对一些

陌生人和陌生环境时，他们需要回过头来重新建立初期的对环境和人的信任。由于对母亲和外人的认识区别，孩子不能在不那么爱他们的老师面前说"不"，转而用社会性方式来维护新的依恋人和自己的关系，他们正在发展的肆无忌惮的信任，变成了有顾忌的、被扭曲的责任，甚至信任感被破坏。这将为他们一生的生活蒙上阴影。

由此看来，把孩子送进一个学习知识的幼儿园等于剥夺了孩子学习的机会，对那些让孩子坐在那里像小学生一样上课的幼儿园来说，让孩子在家玩到四岁再去上已经是很早的了。但是对于那些按照孩子的自然发展规律给孩子以爱的帮助的幼儿园，如果家里的环境不如幼儿园的成长环境好，孩子也可以两岁半左右上幼儿园。但必须要由妈妈陪着熟悉老师和环境后才可以送孩子去幼儿园。在这样的幼儿园里，老师的配备比例一般比较高，专门设有照顾小孩子的老师。如果孩子在家里不能获得很好的帮助，那么把孩子放在幼儿园对孩子是有好处的，早点上幼儿园还是有必要的。

第二章

chapter · 2

该为宝宝选择什么样的幼儿园

第二章　该为宝宝选择什么样的幼儿园

第一节 寻找理想的幼儿园

温娜在网上看到了很多幼儿园的介绍,她决定先看看国外的幼儿园介绍,经济发达国家的教育相对来说也比较先进。她觉得通过对国外的幼儿园的了解,再来比较国内的幼儿园就会有一个方向。

德国孩子要在幼儿园里度过将近4 000个小时。这3年中,老师会带孩子们去坐有轨电车,记住回家的路线;参观警察局,学习如何报警,如何处理遇到坏人的情形;参观消防警察局,跟消防警察一起学习灭火知识、躲避火灾的常识;参观邮局,看看一封信是如何从家里到达邮局,又被投递出去的;参观市政府,认识市长,看看这个为他们服务的市长是什么样子的。

老师还会领他们带着钱去自由市场,学习怎样买东西,区别自由市场跟商店的不同。

老师领着孩子去花圃,参加花圃的种植,学习分辨花草植物。当南瓜收获时,老师还会带领孩子一起做南瓜汤。

老师还会带孩子们去看马戏、儿童歌剧和魔术;带孩子去图书馆,学习如何借书、还书。

而美国的幼儿园则教育孩子能识别数字,能用小石头、小纸片、小木棍等具体的物体,表达抽象的数学概念;认识26个英文字母,区别元音和辅音;区别不同职业的人大致做什么事,譬如医生、教师、邮递员、警察、消防人员;了解生物生命的演变过程,包括人的生老病死、毛毛虫变蝴蝶;从地球仪、拼图上学习地理,了解地球上有很多居民、很多国家,了解人

有不同的肤色；懂得人要住在房子里，孩子要上学，成年人要上班。

温娜看了这些内容，非常羡慕，自己的孩子两岁多了什么都不会，全都依赖家长。要是能找到这样的幼儿园，温娜一定会让孩子去上的。

她还搜到了一个妈妈对美国幼儿园情况的介绍，这个妈妈说美国有大型全国性连锁幼儿园、蒙特梭利幼儿园、私校、教会学校、家庭幼儿园等，情况各有不同。

看来，无论是国内还是国外，都各有各的特点，不能一概而论。但孩子上幼儿园的问题确实是让无数家庭非常纠结的事情，选择幼儿园真的像那些妈妈说的那么难吗？

李跃儿贴心话

其实每一种教育都不可能是完美的，国外很多幼儿园的教育理念都建立在儿童发展心理学的基础上，已经有上百年的历史。国内的幼儿园虽然有《幼儿园教育指导纲要》的要求，但大多还是受应试教育的影响，从幼儿园起就使用应试教育的方法。家长们可以通过网络先了解美国、芬兰、德国等国外的幼儿教育的理念和方法，了解蒙特梭利、华德福、高瞻教育、道尔顿教育等，有条件时可以带着孩子到这样的学校中考察和观摩一下，真正为孩子选择一个适合孩子的教育，因为这关系到孩子是怎样度过他这个阶段的人生，家长花费这样的功夫是值得的。通过了解，家长们知道幼儿教育中有哪些不同的方法，也好有选择地改变自己的教育行为，教育的改变会造福于整个家族乃至整个民族。

在幼儿教育中，教育方法不同，就会产生不同性格特质的孩子，孩子将来的能力取向也不同。家长应该有一个养育孩子的目标。有很多家

第二章 该为宝宝选择什么样的幼儿园

长说,只要孩子快乐就行了。但孩子的发展是需要我们成人适时给予帮助的,孩子快乐并不等于他在需要帮助的时候得到了帮助,孩子上了幼儿园也不等于获得了良好的发展和帮助。在国内的幼儿园教育理念还不统一的时候,选择一个适合孩子发展的幼儿园还是有必要的。

第二节 关于公立幼儿园和私立幼儿园的争议

温娜从一些资料中了解到，因为政策相对宽松，我们国家现在的幼儿教育种类越来越多，由以前的公立应试教育模式占主流，变成现在的公立私立并存的多元教育模式。

所谓公立幼儿园，是指举办主体是公办，含各级政府、公立学校及其他全民性质的企事业单位举办的资产属于公有的幼儿园。私立幼儿园是指举办主体为私办，含私人、合伙人和民办团体、民办企事业举办的资产属于私有的幼儿园。

一般公立幼儿园收费低于私立幼儿园。公立幼儿园收费由国家或地方政府或教育行政部门规定或物价部门规定。各个级别的幼儿园收费不同。

从硬件上比较，大型的私立幼儿园的户外设施要比公立幼儿园好，公立幼儿园由于每年政府补助的资金也不是很充裕，所以户外设施比较陈旧。软件方面，公立幼儿园的老师完全按照幼儿园阶段的教育大纲施行，所以在教学方法上有时会相对陈旧没有新意，而私立幼儿园的老师在教学方法上很灵活，上课比较有新意，老师在教学方法和教学模式上有着非常大的个人发挥空间。

温娜印象很深的是在网上看到的几位妈妈对公立幼儿园和私立幼儿园的评价。

有个朋友的宝宝先送私立幼儿园，后来又送公立幼儿园，那所私立幼儿园离家比较近，规模设施也不错，每年"六一"还在地方电视台上有它们的节目直播。幼儿园建园也有几年了，应该算是有经验了。所以

第二章　该为宝宝选择什么样的幼儿园

朋友决定把孩子送到这所幼儿园。

宝宝第一天入园很兴奋,看看这,瞅瞅那,很高兴,妈妈看了一会儿就放心地走了。

回单位上班的时候又打了一通电话给老师,老师讲上午表现还不错,下午就开始闹,不过小朋友一般都要经过这样的过程,没什么关系的,让妈妈放心。

晚上回家宝宝就开始和妈妈讨价还价,明天不去幼儿园,不答应就不吃饭、不睡觉,妈妈为了哄她吃饭睡觉,暂且安抚同意,宝宝在梦里也嚷着"妈妈,不去幼儿园",睡觉的时候很不安稳,妈妈看宝宝这样也很难过。

后来朋友的老公到上海工作,他们一家都搬过去,于是在上海又开始新一轮的幼儿园寻找。鉴于宝宝已经在私立幼儿园生活过,她选择让孩子去离家比较近的公立幼儿园。宝宝开始了上海幼儿园的集体生活。

经过宝宝两次入托的对比,这个朋友总结了一些私立幼儿园和公立幼儿园的区别。

孩子上过的这家私立幼儿园,具有如下特点:首先,老师流动性大,教学不规范,职业素养参差不齐,宝宝在园的时候班级半年时间就换了两任班主任。其次,老师报喜不报忧,比如问宝宝在园吃得怎么样,一般会说很不错,可宝宝回家却像一匹小饿狼一样。再次,老师太注重给孩子填充知识性内容,譬如让孩子背诗歌等,而不注意培养孩子的情操和基本礼仪;还有,饮食餐数虽然多,可质量有问题(有一次去幼儿园尝过孩子吃的粥,简直难以下咽)。最后,环境虽然漂亮,可教室和宝宝睡觉的卧室卫生不到位。

后来到上海后,孩子上的公立幼儿园则给了朋友另一种感觉。首先,言行举止间能感受到老师职业素养比较正规。其次,幼儿园的伙食比较正规。再次,老师对孩子的评价比较客观,譬如在宝宝不吃饭时老师会

主动和你探讨；然后，注重培养孩子的情操和礼仪，宝宝越来越有礼貌，虽然知识性的内容是学得少了，但这些可以慢慢学，而基本素养则应该从小培养。最后，教室有阿姨全天服务，天天消毒，建筑虽然有点老式，但干净卫生。

还有些人觉得公立幼儿园收费相对便宜点，没有兴趣班，学校比较注重学生能力的培养，放学回家基本不给孩子留作业。但有些公立幼儿园要看老师脸色，甚至还需要跑关系、走后门。私立幼儿园的老师交流上要更开放些，更有亲和力一些。私立幼儿园的收费相对贵一点，有各种兴趣班，如珠心算、英语、认字等，计算题也相对复杂，放学回家会给孩子留作业。

亲子论坛里，对公立幼儿园和私立幼儿园的说法不一，看来不在于公立还是私立，而在于幼儿园的主办方是否想为孩子办一所好幼儿园。最后，温娜还是不知道怎样才算是一所好幼儿园。

她还看到一个妈妈在控诉一家公立幼儿园，说他们是好不容易才进入这家公立幼儿园的，因为觉得老师语言和行为都很规范，总比私立幼儿园家长无法了解老师都在做什么要好得多，但孩子进去一年了，现在她实在是忍无可忍了。据宝宝说，他们吃饭时不能说话，说话老师就不让吃饭了；老师经常因为小朋友上课不注意听讲，就让小朋友去老师休息的小屋子。小朋友不听话老师就会很凶地批评他，自家宝宝说她很害怕老师。

这位妈妈说："因为第二天要去旅游，她没到放学就去接孩子，那时孩子正在吃晚饭，她发现孩子们吃饭时真的是静得出奇。垃圾筐放在离饭桌很远的地方，孩子们在吃饭时每擦一次嘴或手就必须起身，拉开小椅子，跑去把纸扔到垃圾筐里，然后再回来吃饭。孩子在扔垃圾时就容易被别的

第二章  该为宝宝选择什么样的幼儿园

孩子所吸引去说话或忘了吃饭,这时老师就会对那个孩子大声训斥:'某某,坐到座位上,如果再不回来就别吃饭了。'"

这位妈妈描述的情景,让温娜想起自己小时候的经历。自己小时候上的那家幼儿园,老师会因为一点小事情当着许多孩子的面大声训斥班里的孩子。每当她也被这样训斥的时候,她就觉得无地自容,觉得自己真的不是个好孩子,每天闷闷不乐地来,闷闷不乐地走,有什么事情也不敢向老师求助,总是缩在角落里,觉得一天的时间好长啊。

后来,上文提到的这位妈妈最终决定把孩子转到一家名声比较好的私立幼儿园去,说那里的园长和老师对孩子非常关心,学校的硬件软件都不比这家公立园差,但进这样的幼儿园不容易,名额很紧张。

温娜立刻打电话到那家私立幼儿园咨询,发现这家幼儿园光预约参观就要排队到两个月以后了。

温娜还注意到有几所近几年被一小部分家长热捧的教育理念很先进的幼儿园,也是争议不断。别的温娜还看不太明白,但他们强调孩子发展最重要的事情就是玩耍,这一点可是温娜之前查的那些幼儿园的介绍中不曾提及的。

李跃儿 贴心话

其实选择教育的好坏不在于公立还是私立,而在于办园者办园的信念是什么。一个幼儿园办园者的主导思想是真诚地热爱孩子、热爱教育,那么这个园所有的人就会想尽一切办法探索怎样才能使孩子获得最好的发展,爱孩子就会成为一种最基本的职业要求。对孩子的爱不是为了家长,不是为了幼儿园的生源,而是发自灵魂地爱孩子。这样,他们才能

够为了爱而产生去为孩子做事情的意图,也会为这个意图设计自己的行动。所以一个好的幼儿园,对孩子的爱是一种决心,而不只是一种感觉。

第二章  该为宝宝选择什么样的幼儿园

第三节 强调玩耍的幼儿园

在调查中，温娜找到了一家强调玩耍的幼儿园。这家幼儿园的理念是，玩耍是孩子最好的学习课堂。孩子们在玩耍中可以学数学，锻炼和发展空间感觉；可以从中学会沟通和表达，享受词语的音调和韵律的美好；还可以从中获得社交训练，发挥想象力，排解不良情绪，锻炼身体，协调能力。

比如，成人可以和孩子一起玩司机、售票员和乘客的游戏，孩子们会了解不同角色的社会分工，了解生活中的每个人都有自己的风格和特点。也可以根据书上看到的故事来扮演角色，加入一些想象，实现理想中的一种生活境界。

温娜想起自己曾在《读者》杂志上看到这样一份资料：

国际儿童游戏权协会推荐——10岁前孩子应该做的事

1 在河边草地上打滚
2 捏泥团
3 用面粉捏小玩意
4 捉蝌蚪
5 用花瓣制作香水
6 在窗台上种水芹
7 用硬纸板做面具
8 用沙子堆城堡
9 爬树
10 在院子里挖一个洞穴
11 用手和脚作画
12 自己搞一次野餐
13 用颜料在脸上画鬼脸
14 用沙子"埋人"
15 做面包
16 堆雪人
17 创作一个泥雕
18 参加一次探险
19 在院子里露营
20 烘蛋糕
21 养小动物
22 采草莓
23 玩丢棍棒游戏
24 能认出5种鸟
25 捉小虫子
26 骑自行车过泥水坑
27 做一个风筝并放上天
28 用草和小树枝搭一个窝
29 在公园里找10种不同的叶子
30 种菜
31 为父母做早饭并送到床前
32 和别人小小地打一架

宝宝入园那些事儿

这份资料和这家幼儿园的教育理念彻底颠覆了温娜对幼儿园的认识,有这样的幼儿园吗?它们难道不像一般的幼儿园那样让孩子背起手、坐直腰来上课吗?它们的课又是怎么上的呢?

记得自己小时候上的那所幼儿园已经是那个城市里最好的幼儿园了。每天早晨妈妈或爸爸把她送到大门口就骑车离开。很长一段时间里,她都不能很好地适应幼儿园,妈妈一走她就会很伤心。班里的张老师,一见家长就会咧嘴大笑,可上课时从来都不笑,还会很大声地训斥班里的小朋友。

早晨吃完饭后,小朋友们就全部背着小手,面朝黑板,听老师上课,那是最令人难过的时间,因为老师一直说个没完。在老师说话时,如果有小朋友动了或者说话了,老师就特别生气,有时会冲过来拉着那个孩子的一条胳膊,一直把他拉到教室外面去。

每当这个时候,温娜就害怕极了,教室外面的小朋友会到哪里去呢?会不会被关在黑黑的小黑屋里?老师会不会打他们?

中午睡觉时,老师总是在他们身边走来走去,温娜紧紧地抓着被子,闭着眼睛,不敢看老师。有时她又很想看看老师走了没有,这时就会看到老师正在狠狠地看着自己,她吓得赶紧闭上眼睛。

常常有小朋友因为不愿意午睡而被拉进老师的小屋子,温娜一次都没进去过,不知道里面是什么样子,只听到被拉进去的小朋友很大声地哭着,老师会很生气地冲进去大声说"闭嘴"。

那时,温娜每天都在痛苦和恐怖中度过,有时中午好不容易睡着了,还要被噩梦吓醒。所以她想尽办法不让妈妈把她送到幼儿园,但妈妈根本不听。

一直到大班,见了张老师,温娜还是很害怕,老师和妈妈都说温娜胆

第二章  该为宝宝选择什么样的幼儿园

子小,要好好锻炼。温娜从那时起就认定自己是一个胆子小的女孩,所以对任何事情都不敢去尝试。

小学和中学阶段,温娜上完学,就直接回家,然后做作业、吃饭、睡觉,几乎不知道玩是怎样的感觉。

上大学时,温娜觉得最有意思的事情就是和同学一起逛街、吃小吃、在电脑上看韩剧,好像又过了一回童年和少年。她总觉得自己的童年太多遗憾,缺少了无忧无虑的玩耍。

上班后很忙,每天早出晚归,回到家有时候连话都不想说了,周末一般就是睡懒觉、购物。有时去郊区农家院转转,吃点农家饭就回来了。

温娜从来没想过幼儿园还可以像那份资料里说的那样无忧无虑地玩耍,她觉得那才是童年最适合做的事情,也是孩子最喜欢做的事情。小西要是能上那样的幼儿园就好了。

温娜还查到了一个叫吴蓓的老师写的一篇文章。

> 去年9月底,一位老人来参观我们的幼儿园,他有一位3岁的小孙女,他问我:"你们教些什么?"我告诉他我们有每天的晨圈活动和讲故事,告诉他有各种不同的艺术活动,听完后他说:"原来你们什么也不教。"他转身走了,再也没有来过。后来也有家长向我们提议,要教孩子英语、音乐、绘画等。

温娜有些和这个老人一样的困惑,她不明白,这样的幼儿园到底教孩子什么呢?文章说道:

> 大家习惯的一种教学方式为"来!我教你们弹琴。大家听好了"。

而其实还有另一种方式，老师弹琴，孩子们在一旁玩，如果个别孩子有兴趣，就会自己走过来，不是老师要孩子学，而是孩子想主动学，老师提供帮助和引导。

看到这里，温娜还是有些不明白，那孩子不想学怎么办呢？文章又说：

如果孩子接触过医院，他们通过自主的游戏，会把医生的职业特征反映出来，用不着老师专门设计一节课来教孩子。即使是用游戏的方式，孩子们的游戏，也不受老师的干涉，没有教学目的。

孩子身上有着最为宝贵的天赋。老师自以为聪明地去教孩子，往往会破坏孩子内心的本能直觉和冲动。幼儿园从来不教孩子怎样绘画，甚至也不要求孩子去画一座房子或一棵树。只给孩子提供纸和笔，任他们自由发挥。如果注意观察孩子的绘画，我们就会发现，绘画是孩子内心的一种表达方式，每一个年龄阶段的孩子，画的画都不同。反之，从画中，我们能得知孩子正处于哪个年龄阶段。如果一位5岁孩子的画像2岁孩子的，可能他的心理发展有些滞后。

譬如画一个苹果，老师可能会讲一个和苹果有关的故事，然后让孩子根据自己对苹果的感受，画出每个人心目中的苹果。这样画出的画，无法比较谁画得逼真，或谁画得好，每幅画都很特别。我在爱默生学院学习期间，还看到别的班级学生画酸甜苦辣的感觉。

值得注意的是，教育不是绝对禁止"教"，重要的是怎样"教"。比如教英语，是每天必须学会几个单词、几句话，还是让孩子学唱英语歌、朗读英语诗，培养一种对英语的感觉。

原来是这样的，温娜有些明白了。文章还说：

第二章 该为宝宝选择什么样的幼儿园

> 在幼儿园里孩子最好不要喊老师（teacher），英文的teacher意为"教育者"——教学生，一旦教学生就会居高临下，我比你知道得多，我来教你。老师应该也是一位被教育者，随时随地向孩子学习。如果想获得学生的尊重，不是靠称谓×老师，最重要的是喜欢、热爱孩子。

看到这里，温娜有种心被点亮的感觉。这篇文章和一些先进的教育理念有很多相似之处。

有一种教育理念就认为，教育的任务是激发和促进儿童"内在潜力"的发现，并按自身规律获得自然和自由的发展。培养的目标是运用科学的方法，促进人类潜能的发展，使他们能够独立思考、独立判断、独立工作。

这种理念认为，只有在自由的气氛中，儿童才可能发展自己并受到有益的影响。它还提倡混龄教学，这样有利于不同年龄段的孩子相互模仿、相互学习，并养成儿童关爱他人、乐于助人的社会行为，并在智能上相互影响、促进；摒弃奖惩制度，尊重儿童的选择，让儿童有自愿自发的学习意愿与需求。

这些教育理念把孩子的游戏叫作工作，说孩子的工作带有建构自己和社会秩序的积极作用，孩子通过工作来逐步改善自己，完成自我。

这些与传统的教育方法完全不同的理念让温娜耳目一新。

李跃儿 贴心话

孩子们玩耍的时候，很多父母担心自己的孩子只知道玩，什么也学不会，所以进行了过多的干涉，比如给孩子规定好应该玩什么，应该怎么玩等。孩子不是一个等待大人来填满的容器，而是一个天生具有学

习能力的学习者。父母应该放开自己的手,做一个冷静的旁观者,保持一种尊重孩子的态度,使孩子通过玩耍获取经验并有完全的自由。在观察孩子的时候,不要以自己的主观意愿和个人经验来评价孩子,应该站在客观的角度上分析,真正去了解孩子的内在需要,采取正确的方式来配合孩子的成长。

第二章 该为宝宝选择什么样的幼儿园

第四节 参观各具特色的幼儿园

在网上查了这么多的资料,加上从小上幼儿园的经历给自己留下了非常不愉快的印象,所以温娜还是比较倾向于非传统的幼儿园。

她想象一个如网上描述的重视玩耍的幼儿园会是什么样子,教室没有讲课的老师,没有上课的黑板,也没有供孩子们上课的小椅子和小桌子,里边会有什么?孩子如果不愿意午睡怎么办?如果不能乖乖地坐在那里听老师说话怎么办?如果不惩罚,教室里会不会乱成一锅粥?

温娜越想越好奇,越好奇越想了解更多,几乎钻了牛角尖。老公嘲笑她的焦虑,认为如果上幼儿园的目的就是把孩子送去跟其他小朋友玩一玩,那么到幼儿园是玩,在家也是玩,在家玩就可以了,干吗要去上幼儿园。

老公对温娜介绍的那种重视玩耍的教育理念,根本听不进去。但最后,老公建议温娜还是去实地考察一下。

温娜重新接来了母亲帮自己照看小孩,她决定多看几家幼儿园认真比较一下。

一、公立幼儿园

温娜要参观的第一所幼儿园,是一所公立幼儿园,它是这座城市最好的一所老牌幼儿园。虽然园址在市内的黄金地段,但是幼儿园却有很大的院子,据说这个幼儿园的硬件是令许多家长所称道的。

温娜咨询参观时,幼儿园的工作人员说,幼儿园名额已满,不再接受

新家长参观预约。最后,温娜通过朋友帮忙才争取到一个参观的机会。

参观那天,温娜比规定的时间提前十五分钟赶到了幼儿园,其他的人还没有到。

透过大门的栏杆,可以看到院子里绿树成荫,有长长的回廊、大片的绿草地,水龙头正在喷水浇灌。从大门看进去,草坪的尽头有一个童话一样的小城堡,教学楼在大门口的左手边,整个楼体是水蓝色的,看上去非常清爽舒服。门口有保安巡视着,大门口的地面是用白色的大理石铺成的,处处都显得一尘不染。

还差五分钟到预约时间时,门口开过来一辆小轿车,从车上下来一个年轻女人和一个外国老太太,还有几个专家模样的人。

温娜跟着这一行人进了大门,马上从门的侧面出来了两个年轻老师,他们热情温和地在大家鞋底上喷了一些液体,说是用来消毒的。

幼儿园院子里空气清新湿润,散发着草地被打湿后的芳香。路过一个小小的由彩色大理石拼成的圆盘,他们看到了一条木质回廊,边上放着大盆的花卉,很有欧式风味。这里有一个小城堡,城堡前面还有一艘大船。带领参观的年轻老师介绍说,大船和城堡都是给孩子们用来玩的。但大船和城堡看上去很新,好像孩子们没怎么玩过。老师说孩子们可以钻到里面顺着台阶爬上去,里面还有很多小房间。温娜想象着孩子们在里面感受到的神秘和宁静,这正是孩子们所需要的。

温娜对这所幼儿园已经开始有了好感。可到了城堡跟前,温娜发现城堡旁边可供活动的场地很狭小,空间只够两排孩子并排站立,剩下的就是看上去维护得很好的绿地。看来,草地是不允许孩子们在上面玩耍的,要不恐怕没法保护得这么好。如果草坪只是供观赏而不容许孩子踩踏玩耍,

第二章　该为宝宝选择什么样的幼儿园

而幼儿园院子百分之六十的地方是绿色的草地，那就是说百分之六十多的地方孩子是不能在上面活动的。温娜觉得可供孩子玩耍的地方太少了，很可惜。

正在温娜这样想的时候，一个外国专家用英语对着年轻老师说了一通，带队的年轻女人翻译道："埃瑞特老师问，孩子是不是可以自由地到草地上去玩？"

温娜听到那个外国专家这样问，心里很高兴，因为这也正是自己想要问的，于是她专注地听年轻老师的回答。年轻老师说："噢，草地是不可以随便踩踏的，不让孩子自由踩踏也是为了培养孩子爱惜动植物的良好习惯，但是在一些特殊的时间，比如某个班搞活动的时候，可以在老师的带领下到草地上去。"

翻译把年轻老师的话翻译完后，外国老师又问了一句："孩子们可以在哪里自由活动？"

年轻老师一扬手，指着教学楼的那边说："在教学楼的周围有专门铺设好的活动场地。"

温娜顺着手指的方向看过去，靠楼的旁边确实有铺好的塑胶地、运动场和画好的跑道。带领参观的老师说在楼的另一面还有大型器械，但是那块铺设好的运动场地比起草地所占的面积可是小得可怜了。温娜想不通在一所幼儿园，养这么好这么大的草地是用来干什么的。

再往前走，走到正对院子的门，应该是北面，有一个长长的土坡，这个土坡上也种植着各种花草和各种开着鲜花的小树。

温娜没想到在一个幼儿园里会有这么多的植物花卉和美丽的园林，草坡上没有供人走的小路，看来孩子也不被允许随便爬到坡上去。温娜想，

如果这个草坡不要种草,孩子可以随意地爬到坡上,并且可以把土坡当滑梯,从坡上溜到坡下,那该是多惬意的事情。看来这些美丽的地方只能让孩子看,不能让孩子进去玩。

顺着土坡走到头,有两个养动物的小房子,小房子盖得很低矮,四周围着很严密的铁丝网,光线很暗。里面有两只孔雀和一只鹿,孔雀的羽毛斑驳残破,鹿的皮毛也没有光泽,好像还有斑秃。

供孩子们种的地有双人床那样大的两块,上面长了绿绿的小菜苗。看来孩子们能在泥土中挖掘,并撒下种子,比自己小时候的幼儿园要求从家里拿来小花盆,种上一个种子放在窗台上要好多了。记得自己从来没对自己种的植物感兴趣过。不知这些地是一个班的,还是全幼儿园的?据说这所幼儿园有四百多名学生,这点儿地相比孩子们的数量来说显然是太少了。

人群顺着养动物的小房子走到了教学楼的一个入口处,这时从里面出来两个年龄大些的老师。年轻老师向专家介绍:"这是园长和副园长。"

园长热情地把大家让进楼里,楼门口琳琅满目地贴着孩子们的伙食菜单,每一道饭菜都是用相框镶起来的精美照片,看着跟大餐馆的菜谱没什么两样。

楼道里还贴着孩子们的精美绘画作品,很精致,很漂亮。楼道的中间部分还有一块由原木装饰的墙面,木制的地板,木柱装饰着假的绿色藤蔓,柱子上挂着美丽的油画,地板上摆着小桌子、小木屋和一些小书架。温娜觉得孩子们在这样的地方玩简直是太美妙了。

路过了这个天堂般的角落,右边是孩子们的教室,窗子很大,他们从窗前路过就能看到室内孩子们所有的活动。

园长介绍说:"我们现在路过的这是一个中班,现在是孩子们的玩耍

第二章　该为宝宝选择什么样的幼儿园

时间。"

温娜看到孩子们一组一组地坐在桌前，每张桌子上有一些塑料的小玩具。园长笑着介绍说："我们现在给孩子玩耍的是我们自己开发的玩具，都是开发孩子智力的。"

教室不像刚才看上去的那个小屋那么温情艺术，而是像温娜见过的所有普通幼儿园一样，四壁寡白，房顶上挂下一些假的植物藤蔓，墙上有一块地方展示着老师和孩子们用报纸、杯子等做的画。不知怎么搞的，这些画让人提不起兴趣。靠墙的下面摆着一排水蓝色的储物架，里面放着一些塑料盘子和塑料筐。孩子们在笑着玩，但都很规矩地坐在自己的座位上，他们之间也有交流，但看上去不是很投入。温娜朝那个看她的女孩摆摆手，那个女孩马上低下头摆弄自己手里的小东西。

再往前走，路过一个大教室，园长说这是美术教室，特意要他们进去看看。

正在这时，一队孩子排着队从楼梯上下来，路过他们身边时，孩子一起朝他们大叫："阿姨好，奶奶好……"温娜觉得这里的孩子真是既热情又有礼貌，他们要走过去了，还有孩子在向他们问好。这时，带队的老师有点不耐烦地对孩子们说："好了，好了，别问了，别问了啊。"

温娜也不知道如果孩子们一直问个不停该怎么办，但这样制止总让人有点不舒服。孩子们那么热情，而老师却这样粗暴地制止，要是成人遇到这种情况肯定会很伤自尊，不知孩子们会不会被这样的事情所伤害。

美术室很大，里面有各种各样的画画用的工具，温娜小时学过几年画画，看到这些工具感觉很亲切。美术室是全园用的，每个班轮流来上美术课。

参观完大班，看完厨房，温娜和专家们一起来到院子。这个园的硬件

真的是很好，各种各样的大型塑料玩具摆了一大排，都磨旧了，正门的另一边还有一个很大的沙坑。看来那边的城堡和大船可能不是给孩子们玩的，这边才是孩子们玩耍的大型器械。

这时有一个班出来活动，应该是大班。孩子们被老师一个一个分开来，像是在做广播体操，然后老师发给每个孩子两个大可乐瓶子，瓶子里装着一些发出响声的东西。老师放出音乐，要孩子跟着做动作。这种情景贯穿自己上幼儿园、小学和大学的所有历史。温娜最不喜欢的就是这种活动。

二、国际幼儿园

温娜还联系了一所本市有名的国际幼儿园，据说是使用一套纯正的欧洲二十世纪初的教育理念和模式，完全用英语教学，汉语反而是副课。这所国际园价格不菲，有好几家连锁园，最大的那一所在市里最大的一个开放性社区。幼儿园每周三都会允许家长全天到幼儿园参观，温娜是跟着朋友一起去的，因为朋友的孩子已经在那里上了好几个月了。

温娜到了这所幼儿园时，觉得比较奇怪。因为院子很小，几乎等于没有，幼儿园的正门像一个茶楼，门朝着一个大酒店，门前就是一条马路。

朋友按响了门铃，门就自动打开了。进门之后，路过一个小小的回廊，就进入了一个小前厅。前厅的感觉特别像一个家庭的小客厅，右手边用一张纯木雕花的古典式桌子隔了一间前台的操作间，有两个工作人员正在里边忙碌着。

前台后面的墙上，并排挂着三幅现代味很浓的油画，使这块场地看上去比较有艺术气息。另外的两个墙边，放着橘黄色的小沙发，墙拐角立着

第二章  该为宝宝选择什么样的幼儿园

一个三角的储物架,上面摆放着镶有孩子照片的精致相框,这个园的年册、课程、活动说明以及各种宣传册页。

迎上来的女孩留着长长的鬈发,满脸阳光地热情招呼着温娜一行人。温娜他们走过很宽的回廊、前厅,走过一段隔墙,后面放着孩子们的衣帽架。衣帽架是那种简易实用的木隔断,每个孩子一小格,上面有放帽子的地方,有挂衣服的地方,有放鞋子的地方。这个被隔在走廊的开放的衣帽间上面,密密麻麻地贴着孩子们的作品,作品上面镶着小木框,显得既纯朴,又精致,从这些作品和给孩子们用的工具上,能感觉到很深厚的人文关怀和生活品位。

衣帽架的底下铺着一块地毯,上面放着两张长木凳,长木凳用螺丝固定在地板上,不会来回活动。衣帽架对着的另一边墙,放着两张清朝的古式大木头椅子,中间放着一个方形的纯木古典小方桌,虽然没人坐在那里,但是让人感觉似乎有老爷爷和老奶奶刚刚在那里聊过天。旁边有一个硕大的陶瓷花盆,里面种着绿色的大叶子植物。

朋友说:"每天都会有孩子来照顾那些植物,擦那些桌子。"

室内的墙壁被涂成淡蓝色、淡黄色和浅橘黄三种颜色。温娜没想到在一个屋子里可以使几面墙有不同的颜色,看上去也非常和谐好看。走廊里悬挂的艺术品和绘画,都非常有品位。每个教室开着一扇窗户,玻璃是茶色的,外面能隐约看到里面,里面正在忙碌的孩子不容易看到外面。

朋友走到窗边笑着往里看,并招手让温娜过去。温娜透过茶色玻璃看到教室里的布局优雅纯净,有很多的棕色小木柜,这些小木柜很活泼地围成一个一个的小区。

所有的小架子和小柜子都放满了类似玩具的小物件,很特别,据说是

033

教具。有的柜子顶上，放着精致漂亮的绣花缎子的荷包；有的柜子上放着精致漂亮的玻璃碗，一些玻璃器皿被分成一组一组的，上面放着勺子、筷子、夹子。教室里有很多玩具，孩子却不是很多，分散在各个区域里，很安静地做自己的事情。

朋友说那些类似玩具的教具不是用来学习知识的，而是用来整理自己的。至于怎样整理和整理自己的什么，朋友没有解释。温娜只是觉得孩子们玩得或者照这里老师的说法是工作得很专注、很投入，环境也是很有品位的。

温娜想起前些天看到的玩耍就是孩子的工作的说法。一切都是那么新鲜，不但新鲜，而且还有种高贵的气氛。在这样的环境里，温娜感觉像进入一个高档优雅的宾馆，不敢像平时那样大声说笑，但内心却感觉很舒服。这里任何一个地方包括洗手间都让她非常欣赏，感觉这里的每个角落都是艺术品。

教室里只有两个老师，一个老师跟一个小朋友低着头做事情，另一个老师在收拾教具，折叠一些小毛巾。

朋友告诉温娜："那个和孩子一起工作的老师就是这个园的园长。"

温娜以为刚才来接待他们的是园长，没想到园长竟然在班里做着一个老师的工作。她从来没有想到一个幼儿园可以是这个样子。

一会儿有一个班的孩子出来了，这个班有十几个孩子，年龄在四岁到六岁的样子，他们排着队小声地说着话，安静地走到了一个房间门口。

朋友说："他们要去阅读，那是阅览室。"她暗示温娜可以跟进去看。

阅览室地板上铺着质量非常好的纯羊毛地毯，中间放着矮的纯木方桌，四周是那种中国古典式的坐垫，有的是纯亚麻的，有的是缎子的。地毯的

第二章 该为宝宝选择什么样的幼儿园

一头是高高的书架,每个书架都放着满满的图书,孩子们可以自由选择这些图书,这让温娜欣赏不已。这样的阅览室也是温娜从来没有看到过的,她觉得任何人到这里来都会很愿意阅读,因为来到这里读书就像是在有品位地休息,书就好像是一个休闲的娱乐工具一样。

这一天温娜还参观了这所幼儿园为家长办的说明会,据说每周三他们会请来一些专家,或者由本园的负责人来回答家长的问题。这个家长会也让温娜感觉到非常温馨。会议是在幼儿园的艺术厅开的,里面放了一些小桌子,每个小桌子上铺着小方格的桌布。桌子四周摆着椅子,上面放着小盘子,盘子里放着水果。家长来了可以一边品尝水果,一边听别人发言。

参观完这所幼儿园之后,除了那块绿草坪,温娜完全想不起之前参观过的幼儿园是什么样子。这个极具艺术气息的国际幼儿园是温娜最欣赏的幼儿园,因为她觉得这个幼儿园才是能够真正养育人的精神、真正能够与孩子对话的地方。她想如果家里经济条件允许的话,她是一定要让自己的孩子上这所幼儿园的,但是这所幼儿园收费太高,如果交了学费,家里就不能维持正常的生活。再说离家也太远,孩子每天早晨要坐一个多小时的车才能到幼儿园,这是非常痛苦的事情。

三、双语幼儿园

温娜参观的第三所幼儿园,是一所双语幼儿园。

幼儿园坐落在小区的一角,门朝外,楼房漆成花花绿绿的样子,教室也是贴得花花绿绿的,地板和走廊很光滑,但感觉冷冰冰的。教室里有一些绿色的小柜子,里面放着一些塑料筐子,是孩子们的玩具。在一个拐角

还有一个娃娃的小床，小床前铺着儿童用的海绵地板垫，也是花花绿绿的。院子里有很多大型塑料玩具，看上去令人眼花缭乱。

在这所幼儿园里，孩子被分为大班、中班、小班、小小班，要上很多英语课，据说是请外教教学，门口宣传栏上贴着各种外国老师跟孩子在一起的照片，都是快乐和亲热的样子。

负责接待的老师说这个幼儿园提倡一切以孩子为中心，教育目标是"支持孩子挑战自己，鼓励儿童积极探索、独立思考、培养责任意识"，还说要做好"中国文化的'和谐'思想和西方'自由精神'的融合，重视培养儿童的欣赏和感恩之情"。还有六个核心、五种管理思想、四种品质培养、三个教育追求、两个办学定位。

温娜看得头大，一个也没记住，也没心情再去教室看了。但又不想白来一趟，就在院子里的宣传栏看了一下课程设置栏，开设的课程有语言、计算、英语、识字阅读、手指操、礼仪教育、常识、音乐、美术、体育、活动、游戏、直映式心算等。

回家跟老公说起这些，老公极力反对。他觉得这么小的孩子没必要上那么多的课，就是让大人上那么多的课都会糊涂，更别说是一个两岁多的孩子。

温娜也觉得老公的话有道理，再说她觉得把孩子放在那样的环境中，孩子除了学一肚子的知识以外，别的能力都得不到锻炼。于是她决定放弃这家幼儿园。

第二章　该为宝宝选择什么样的幼儿园

四、私立幼儿园

这一天,温娜预约了一所私立幼儿园,这所幼儿园常年对外接纳参观的家长。约好参观时间后,温娜来到了这所幼儿园,一起参观的还有十几个家长。

这所幼儿园里有丰富的活动器械,包括很多大型的滑梯和秋千,这些大型器械留有孩子们玩耍的痕迹。草坪被踩得要消失的样子,有些干枯,看来这所幼儿园在意的是孩子们的活动,不是很在意园林绿化。

热情的接待人员带着温娜他们先参观了教室。

每个教室都可以看出是老师精心布置过的。有的教室墙上挂满了各种各样的纸贴卡通画,还有孩子的大幅照片,房顶上吊下来很多假的植物藤蔓。教室里有矮矮的、轻便的小教具柜,里面放着一些叫不上名字的玩具。

在一个班的墙上,有一幅特别大的壁画,刚一进门,那幅壁画就扑面而来,再看教室其他东西的时候,那幅壁画总在人眼前晃,很干扰注意力。这幅壁画的立意应该是很好的,黄黄的一片沙漠或是土地,有一个小孩背朝着观众,脸冲着太阳,天空中飞着小鸟。画面占据了教室的半面墙,但是在教室这么小的空间里,经年累月地放着这么大一张巨幅壁画,它的冲击力使人很难平静,也让人觉得这个地方很不和谐。老师们出于什么样的考虑才这样做呢?

有的教室布置得琳琅满目,但显得有些杂乱。

走廊的地板应该是一种很高级的现代材料,窗帘是黄色的,黄色本来是很温暖的颜色,但不知为什么,放在这里给人的感觉却冷冰冰的。

这时是上午十一点多,他们路过教室的时候,孩子们都低着头,教室里没有声音。温娜以为孩子们在写作业,参观的老师却说:"现在孩子们

都在吃午饭。"温娜问老师:"孩子们那么安静是在吃饭吗?"老师说:"是在吃饭,因为幼儿园规定在吃饭的时候不许说话,所以孩子们都非常安静,非常遵守纪律。"温娜觉得如果自己家里吃饭的时候所有人都只吃饭,不说话,那准是出大事了,这顿饭几乎没有谁能吃得下去。

这时,一个保育员装扮的老师,拎着一个提水用的大铁桶,用大勺子从桶里把饭舀出来,一下子扣在孩子们的碗里。

看到这一幕,温娜心里一阵难过。因为老师往孩子们餐盘里盛饭的时候,像是在给小猪的食槽里倒食,动作极其粗鲁。难怪从这群默默吃饭的孩子脸上看不到分享食物的快乐和温馨。温娜不想再看了,她觉得这样一所幼儿园是不会太关怀孩子的心灵的。

据说这里还是一所以文艺演出而出名的幼儿园,孩子们的节目每年都上电视台,走廊里挂着许多孩子演出时的剧照。

温娜可以想象得到,为了练习这些节目,孩子不知道要重复多少次老师要求他们做的动作,甚至会受到老师情绪的攻击和高标准要求的伤害,因为温娜小的时候排过节目,知道那种滋味不好受。但自己练节目的那个时候已经上小学了,她想象不出对于一个幼儿园的孩子,把节目练到能够上中央电视台的程度,孩子需要做出多么大的付出,孩子们还有多少时间可以自由玩耍。

参观还没结束,温娜就走到院子里,院子里空无一人,让她感觉舒服了一点。等其他的家长出来后,她就离开了。据说这所幼儿园参观者熙来攘往,外面还排着好长的队。

第二章 该为宝宝选择什么样的幼儿园

五、家庭幼儿园

温娜参观的第五所幼儿园,也是朋友推荐的。据说非常美好,非常温馨。

幼儿园设在一个郊区的一套家属房里。温娜和朋友按响门铃,出来一个很温柔的年轻女老师,将她们引进门。

一进门,温娜觉得像是进入了一个粉红色的王国。可以听到孩子们从教室里传来的说话声,带她们进来的老师声音很低,动作也是蹑手蹑脚的,温娜也下意识地夹着肩膀,两只手捏在一起,踮着脚尖轻轻地走进教室。这个房间三室两厅两卫,房间有一百多平方米,有一个方形的客厅。

这所幼儿园虽然是一所家庭的小园,但室内风格比较接近那所国际幼儿园的室内感觉,只是更多了些梦幻的味道。

幼儿园活动的区域就是小区的公共活动区域,孩子们暴露在小区居民的自然活动区域内,如果遇到特殊情况,安全是无法保证的。最近几年,频发的一些幼儿园事件使温娜也感觉到一个封闭的幼儿园对孩子来说可能是安全更有保障一点。但是,温娜觉得这所幼儿园价格还算合理,老师像妈妈一样在一个家庭环境里带着孩子,孩子来到这里肯定比上那些正规的幼儿园更加容易适应。

温娜有点心动了,她想自己不妨把孩子送来试试,如果不行,再转走也可以。温娜回家跟老公商量,要不要把家搬到这所幼儿园附近,让孩子上这所幼儿园。老公开始不同意,但经过反复权衡后,也没有什么地方可去。好在这样的小幼儿园名额不是那么紧张,可以随时进去。据说办园的老师也是从一个大幼儿园出来的,有很丰富的经验,她又是班里的直接负责老师,可能会更尽心一些,这些都是温娜觉得可以理性选择的理由。

温娜觉得,孩子既然进不了自己喜欢的那所国际幼儿园,先送到这所

家庭幼儿园,也是不错的选择,至少这里不用规规矩矩地上课,孩子可以自由玩耍,老师也很细心。

六、以四季划分课程的幼儿园

休息了一段时间之后,温娜决定再参观几所幼儿园。现在,参观了解各种幼儿园是温娜生活中的重中之重,为了让小西有个快乐的童年,她觉得在选择幼儿园的问题上绝对不能马虎。

温娜又看了其他几所幼儿园的资料:一所是院落环境非常优美的传统幼儿园;一所是注重钢琴教育的艺术幼儿园;还有一所据介绍是综合了东西方先进教育理念的幼儿园,主要是尊重孩子的天性,帮助孩子获得良好的人格建构,并使孩子为将来的生存打下良好的人格基础。温娜对最后这所幼儿园有些好奇,决定去看看。

通往这所幼儿园的路很窄,路的两边似乎都在施工,尘土飞扬。幼儿园在一个破旧的小区里,四周都是居民楼。

从门口看去,幼儿园刚装修好的楼房很新,和周围的居民楼形成很大的反差。进入大门后,温娜感觉像是进入了阿凡达的世界,温馨自然,一切显得既简朴又不铺张。院子看上去有点小,但能感觉到办园人尽所有的可能把院落布局得合理,并且能够最大化地被孩子们利用。

窄窄的院子被四周的楼房环绕着,院子里布局了很多可供孩子使用的工作区。后院有建筑区,放着砖头、施工用的安全帽、建筑用的工具、和泥的盆子、建筑用的土,还有孩子们盖了一半的房屋。

在这个区域的一边,有专门为孩子搭建的户外壁炉,四周围着小小的木栅,旁边有一些小房子,养着几只兔子,还有供孩子建筑时使用的水源。

第二章 该为宝宝选择什么样的幼儿园

所有的设施都是为孩子在使用时配套设想的，让人能领略到建园人的用心。

前院有一个木头的平台，上面有一个木质的小屋，有滑梯，孩子们可以爬进小屋里，再滑出来。小屋的窗户用木头包着，做成意大利古式楼房窗户的感觉，看上去很美。靠院墙边放着许多用来种植的大木箱，据说是幼儿园自己做的。

这天来参观的有二十多个家长。带领参观的老师说："户外本来应该有种植区，但因为院子小没有地方供孩子们种植，所以专门做了种植箱放在院里，每个班可以决定种植什么，并由孩子们自己照顾。"

箱子上面已经有各种各样的小苗了，高低不等，有的很壮，有的不那么好，看来有的班擅长种植，有的班不擅长。

教学楼为工字形建筑，据说这样可以最大限度使教室受阳光照射。大型器械也尽可能放在不影响人们走路的地方。这里似乎看不到塑料玩具，户外的大型玩具也尽可能是纯木制作。前院往南走有一个好看的木廊，上面爬满了茁壮的藤蔓；南边院子虽然不大但被细心设计过，海棠树正开着花，整个院子非常有生气。还有一条弯弯曲曲的"小河"，河畔种着绿草，河上面架着小木桥，孩子们活动的器械被精巧地安排在每个合适的位置。

带领参观的老师说："大型器械正在有计划地添加之中，现在还不太够用。"

前面又是一个回转的木廊，有竹子，有棉纱，据说那是户外过家家用的。这里布置着家家屋和木工区，拐角用来坐的长木板上固定着很多台钳，有的孩子正在上面锯木头，样子很是那么回事。这里有各种木块、木片、木棒、木条和各种木工用的工具。温娜他们一行人走过来，没有孩子注意到他们。

温娜恍惚觉得这里像一个小人国，每个人都煞有介事、尽心尽力地忙

活着，这种情景是温娜在其他幼儿园从没有见过的。一行人顺着长廊转向了楼房西面的场地，这里是楼和楼相隔的地方，全部被做成了沙坑，沙坑很大，边缘种着竹子，看上去很有情调。沙坑的对面，有专门放沙坑工具的架子，有专门为孩子们在沙坑玩耍安装的水龙头，旁边有提水的小桶，墙上还有供孩子们涂鸦的毛玻璃板。

进入室内，更是让温娜觉得就像进到了自己的家，环境朴实而温暖、美而不虚，像真实的生活。一个柜子，一张桌子，一扇过道的门，看上去自然却又是精心配置、精心选择的，整个楼体墙面是那种杏油黄的颜色，既不甜腻，又很舒服。

家长们参观了两个教室，教室里有里外间，里间原先是用来做卧室的，可能是认为孩子们的活动空间不够，用来睡觉的小床就被摞了起来，用屏风隔开，空间就大了。两个房间都被布置成各个工作区域，用一些小木架子隔开，每个工作区域似乎又连接在一起，既舒适、美观、丰富，又像学校又有家味。温娜想如果自己以前公司的办公区也弄成这样，员工可能不会那么愁上班了吧。

教室里有七八个被称为功能区的区域，温娜看到在厨艺区里放着很多真的碗盆，有一张桌子，孩子们可以在上面操作。每个教室还有一个像家里厨房一样大的地方，用来放孩子们厨艺要用的材料，有菜、米、面、豆子等。阅览区铺着很舒服的地毯，四周放着棉垫，上面摆着书。据说这里并不是孩子们的读书区，而是他们休息的区域。当孩子跟其他人在一起待的时间太长，需要安静时就可以来到这里；或者在其他区域玩耍得有些累的时候也可以来到这里。孩子们可以坐在那里，随意拿起一本书翻翻，既得到了身体上的放松，又得到了心理上的休整。

第二章 该为宝宝选择什么样的幼儿园

  教室里还布置了手工区、文化区、娃娃家，还有大型积木的搭建区、综合材料的游戏区，总之教室里准备的所有的工作材料都是供孩子们自由选择和自由玩耍的，而且都跟人类的生活有关。

  据说他们是将人类基本生活的内容微缩起来形成这样一个一个的工作区，当孩子拿到这些工作材料工作之后，他们所获得的能力就是为将来生活打下基础的，也就是说他们获得的能力是朝向生存的方向发展的。这里还有一个供四岁以上的孩子训练数理逻辑的教室，数理逻辑也是孩子们将来的基本生活内涵，所以这所幼儿园采纳了一个国外的教育理念设置了数理逻辑的内容。他们认为，孩子童年时期所获得的心智结构，可以帮助他们处理今后生活中所遇到的事务，如果六岁之前，他们获得的心智结构是单一的，不够丰富，那他们将来在生存中对事物的接受能力也是单一的，他们的生存能力就会受到影响。

  这个园也有非常像样的美术工作室，还有一个很大的音乐舞蹈厅，外面是一个艺术走廊，那里悬挂着孩子们的作品。这个园给人的整体印象是既丰富又有序，每个角落都体现着办园人为孩子的考虑和对孩子的关怀。

  园里的课程安排是按季节进行的，他们认为他们所面对的孩子是一个本市固定的特色群体，孩子父母的生活和父母所受的教育都有着共同的特点，所以根据他们所面对的孩子的文化背景和生活背景设计了这样的教育。这是一种有内容结构的设计，并不是一直让孩子在幼儿园的三年里从头到尾都完全自由工作。

  他们说：春季万物复苏，大地散发着春天强劲的生机，老师和孩子要一起做农业土木建筑、木工和沙坑水利这样的工作，孩子可以全天在户外接受春天阳光的照射，接受万物生机的滋养，去完成跟泥土和自然有生命

的物质互动的工作。

到了夏季，天热了，他们就将春季工作中某个孩子们所经历过的、大家都感兴趣的内容拿出来，经老师组织讨论，进行深入系统的设计，然后老师和孩子们一起，按照这个系统完成某一个事物整个领域的深入探索。如：由水到整个水的领域，再是与水相关的内容，这样形成一个完整的系列，他们叫作生成课程。夏季的课程，主要是为了培养孩子将零散的经验组织在一个系统中的工作习惯。

秋季，他们会将夏季生成课中的某一个点，拿出来进行呈现，做出某一个可实现的和可使用的大型作品，比如大型搭建，在这个工作中，园里只提供简单的工作材料，其他东西要孩子自己去寻找，如搭一个房子或者迷宫，有的班会造一个狗窝，有的班会造一个农家茅屋。

冬季是孩子们自由工作的时间，教室里提供的工作材料与四季的经验都是相关的，孩子们利用这些工作材料自由地工作，可以把针对四季获得的信息和经验整合成为自己的知识系统和经验系统，他们叫作整理自己的时间。

在整个冬季的自由工作中，老师不会随便干涉孩子，只有当孩子要求老师帮助的时候，或者老师看到哪个孩子必须要老师帮助的时候才会帮助他们。老师做的事情就是为孩子提供玩具，也就是工作材料。

带领参观的老师说，他们之所以这样设计，是基于对好几个世界优秀幼儿园的教育理念的了解及实践，并且对他们所在的这个城市的特定人群生活和文化，以及这群孩子将来所承担的生活任务进行分析后，为孩子们量身设计的教育。

这个园的孩子是混龄的，设有学前班来解决从小玩到大的孩子的幼小衔接问题，这个幼儿园对家长也是有要求的，要求他们不断地学习，与幼

第二章　该为宝宝选择什么样的幼儿园

儿园配合,共同来帮助孩子。

参观完这所幼儿园,温娜回到家里,心情又变得复杂起来。

她发现一个幼儿园的教育怎样并不仅在于一个成熟的老师和模仿来的环境,而在于这个幼儿园有没有一个可以根据孩子的需要,不断完善自己的教育、改造自己的教育,并且有设计和实施能力的教育团队。

睡一觉起来,温娜发现自己的脑子其实并不是很乱,摆在面前的也就三个选择,参观的那所国际幼儿园,小区里的梦幻一样的家庭幼儿园,还有这所以季节划分课程的幼儿园。

温娜跟老公坐下来拿了一张纸,把可选的三所幼儿园的条件都写出来,并进行比较。由于对孩子的不舍和心疼,温娜觉得先上小区里的家庭幼儿园,等孩子长大了一点,再选择大一点的幼儿园比较好,那所国际园肯定选不起,但这所有大沙坑的幼儿园,也是自己很愿意选的。于是温娜一边在那所大幼儿园报名排队,一边准备等孩子两岁零六个月的时候先将孩子放到自己考察过的小幼儿园,好在这个小幼儿园和有大沙坑的幼儿园距离不远。

幼儿园总算是确定下来了,温娜要将现在的房子租出去,到那边再租个房子,暂时搬家到离幼儿园比较近的地方。这个决定仍然让老公很为难,自己精心建造的小家还没住几年,就要租给别人,又要搬家住别人的房子,想想真不舒服,但也没有别的好办法。

在自己家附近的这所私立幼儿园,温娜是无论如何都不想让孩子去上的,因为温娜每天早晨都能听到园长用很大的喇叭朝着孩子们喊话。有一段时间,老师上课的声音也会通过扬声器传到小区里。孩子们每天到户外活动的时间很少,即使是出来了,不是一起做体操,就是排着队玩一会儿滑梯,旁边有老师监督着。

宝宝入园那些事儿

对于温娜舍近求远的想法，老公极力反对，温娜准备慢慢地做老公的工作。

李跃儿贴心话

在为孩子选择幼儿园时亲自去考察是绝对有必要的，千万不要天真地认为上哪个幼儿园都一样，不要觉得到处考察幼儿园是多余的，因为有的幼儿园老师真的没有受过很好的基本职业培训，他们不能全心全意地爱孩子，在自己心情不好或者疲乏的时候就会因为自己的负面情绪影响到孩子，有可能会用威胁、谩骂、体罚甚至暴力的方式对待孩子。还有的幼儿园要求孩子本来该用身体学习的内容却要坐到那里用大脑学习，致使孩子不得不靠死记硬背去完成老师对学习的要求，造成孩子将来的学习能力和大脑的思考能力都固化在童年的幼稚模式中，而且过多的脑力活动的开发，影响了孩子内脏和身体的发展。在考察幼儿园时，只要用心灵感受一下，那个幼儿园环境中所设置的内容是不是都站在孩子的角度，为孩子着想；从孩子的状态是活跃放松的，还是紧张古板的、表演出来的，就能看出这个幼儿园是一个可以送孩子去的幼儿园，还是一个不可以送孩子去的幼儿园。当然，一切还在于家长自己的需求，无论家长的需求是什么，经过人类几百年对自身发展的研究确定，儿童时期是一个展开人类自然特质的时期，幼儿教育最好给孩子可以舒展的平台，而不是禁锢孩子。为孩子选择幼儿园，不是选品牌衣服，选错了大不了浪费一点钱，为孩子选了一个不好的幼儿园，毁掉的是孩子的健康心理和用来获得良好生活的人格基础。所以家长不可盲从，一定要下功夫去参观和考察。

入园准备

第三章
chapter·3

第三章  入园准备

之前，身边的朋友和同事很早就为孩子上幼儿园的事而焦虑时，温娜还曾笑过他们，现在她做的比那些朋友有过之而无不及。在考察了那么多所幼儿园，读了那么多有关儿童教育和发展心理学的文章之后，她的内心多了许多纠结。现在自己的观点跟老公的观点又产生了严重的冲突，真是四面楚歌，有时候她感到似乎是自己一个人在捍卫着孩子的幸福和健康发展。

想起这些，温娜就对老公产生了些许的怨气，为什么他只考虑到自己工作的方便，考虑到自己的感受，不考虑他们的孩子。温娜认为成人是成熟的，成人有力量抗拒不愉快和不舒服，成人也能够对遇到的困难和不愉快进行分析和改良，但是孩子不能。所以作为父母首先要做的是考虑怎么样去保护孩子，而不是只考虑自己。

温娜决心好好做老公的思想工作，最后促成把家搬到离那两所想上的幼儿园近一点的地方。其实，老公不想搬家也是可以理解的。他每天早出晚归，工作极其繁忙，搬家之后，上班要开车走一小时的路，而且那个社区是北京出了名的堵车小区。如果想要按时到单位，必须要在早晨六点钟起床，才能保证不会被堵在路上。这样老公七点半就到单位，而单位九点钟才上班。如果按照合适的时间七点半出门，马路上已经开始拥堵，如果八点出门，就肯定会迟到。现在老公是养家糊口的人，就是没有搬家，看到老公每天回家疲惫的样子，她也于心不忍，如果再为了孩子上幼儿园搬家，又在他不情愿的情况下，她甚至觉得老公有点可怜。一边是老公，一边是女儿，权衡之后，温娜痛下决心，还是让老公吃点苦吧。

做出了这个决定之后，老公每天一进门，温娜就使出各种招数来劝说老公。有一天老公非常生气，甚至摔门而出。温娜在家里哭了很久，把孩

子也吓坏了，孩子一个劲儿地拿着纸巾给她擦眼泪，甚至还伸出小手抱着她的头，像温娜哄她那样安慰温娜。这更使温娜觉得一定要给孩子选一个让自己放心的幼儿园。

温娜一觉醒来，看着身边熟睡的老公，心里又想，难道自己的孩子必须要上幼儿园吗？从古到今，人类不乏学者精英和各个领域的优秀人才，那时也没有什么幼儿园。幼儿园是什么时候出来的产物，难道孩子不上幼儿园真的无法成长和发展吗？有没有可能不让孩子去上幼儿园？想到这里，温娜自己也悄悄地无奈地叹了口气，这个想法显然太不现实了。

李跃儿 贴心话

在这里，我只是写了入园时期家长的心理状态和一个需要搬家的家庭特例。在我的另外两本书，《成长的秘密——关键时期的关键帮助》和《牵手两代》里都有细致的关于入园前需要准备的内容，读者可以参阅一下，在这里就不再重复了。

第三章  入园准备

第一节 孩子必须要上幼儿园吗

温娜又上亲子论坛，想看看其他妈妈怎么看待这个问题。

有一个帖子说："现在，我正处在犹豫中。我就一个孩子，总觉得孩子一个人太孤独，想让孩子多跟其他人接触。但上周看了一个私立的双语幼儿园，至少在我去的时候他们都在上课（托班），所有的孩子都规规矩矩地坐成一排，前面有个老师拿着五颜六色的圆环在问他们是什么颜色。有的孩子回答，有的孩子沉默。看了一圈（托班、小班、大班）下来没见一个面带笑容的小孩，除了我身边那兴奋不已的儿子。可问了问周围其他的人，说幼儿园都是这样。"

还有一个妈妈这样说："俺家宝宝加起来上了有一个星期的幼儿园了，死活不想上了，现在一听说要上幼儿园，就好像要打针一样大哭。勉强送过去，也是大哭着看我走，在幼儿园里就像个小傻子一样发呆。接的时候就像受了多大委屈一样，见到有人接就哭。早晨起来不吃饭，不洗脸，总是说困了想睡觉。真是烦死我了！！！是不是要随她去啊，什么时候想上了，再让她去？我想让宝宝在家玩，不上幼儿园了。"

有个小城市的妈妈说："我们也在孩子七八个月大的时候就去上早教中心的亲子班了。但我总觉得在早教中心只学到了一些教育理念的形，而没有学到神。女儿到了二十八个月后，我开始给她找幼儿园。考察了家附近的幼儿园，无论收费高低，都是传统的幼儿园。我选择了一家公办的。女儿一开始进去的时候一点都没哭。可是幼儿园的老师非常严厉，对'不听话'的孩子用了很多威胁的办法，比如说，要让警察抓走、关黑屋子之

类的。而且老师和家长基本上没有主动沟通……后来又去考察了其他的幼儿园，管教的方式基本也差不多。我不是全职妈妈，但是我和我老公的工作时间有点互补，一个星期有一两个白天我俩都上班。我现在的想法是宝宝不要上幼儿园，因为感觉孩子在幼儿园受到的心理伤害太大，想自己和老公了解一下幼儿园的教学内容，自己带孩子。到上大班的年纪再送幼儿园。防止和其他小朋友脱节。大家觉得可行吗？顺便插一个话题，附近有一家幼儿园举行吃饭比赛，哪位孩子吃得最快，可以拿一份大奖，我们小区里有一位孩子最终摘冠，他的妈妈还异常得意地说：'我家那个孩子以前吃饭那叫个慢，现在好了，每天吃饭的速度比我还快。'我听了以后总感到很别扭，我就不知道养成快速吃饭甚至囫囵吞枣的习惯有什么好，长大以后他的胃能好到哪里去。凡事都应有个度，吃饭更是如此，吃饭过快或过慢都不好。"

亲子论坛上的妈妈们还分析了在家带孩子的优势：

第一优势，也是最大优势，在家里可以进行科学饮食。尤其是对那些身体比较弱的孩子，因为不适应幼儿园里的饮食环境造成心理压抑和身体免疫力下降。这样的孩子至少可以不上小班，等孩子身体强壮些再直接上中班。

第二优势，可以自由安排时间，随时掌握孩子的心理波动状况，杜绝了幼儿园某些不良事件带来的心理影响。由于每个孩子的个性和承受程度不同，许多幼儿园在对待和处理一些事情的时候，仅仅从管理方便和控制管理成本的角度考虑而使用一刀切的管理方法。但一刀切的管理方法往往使很多孩子承受了莫大的心理压力，比如有些孩子尿到裤子上都不敢说，还不到喝水的时间渴了想喝水也不敢讲。

第三章 入园准备

但如果选择不上幼儿园也会有一些很明显的不足之处：

第一不足，培养自主独立性的环境有所欠缺。在家里没有小朋友互相竞争的环境，再加上父母的宠爱，或多或少都会影响孩子自主独立性的快速养成。

第二不足，缺乏团体活动和互相学习、互相促进的氛围。在幼儿园里许多小朋友一起玩游戏，一起唱歌跳舞，一起运动，这是一种非常好的氛围。在家里辅导由于没有这样的环境，加上家长不注意创造类似的环境让孩子去体验，对孩子不仅是一个遗憾，更是少了一个学习的通道。

第三不足，缺乏和同龄人交流的环境。现在很多家庭都是一个孩子，孩子从小就跟大人成天待在一起，结果造成孩子只会跟成人沟通不会跟同龄人互动。而成人的活动和创造力总是有限的，不足以影响到孩子，使孩子失去很多丰富的学习机会。

温娜一向觉得如果幼儿园老师对孩子不好，让孩子三年都生活在压抑中，还不如让老人带。其实孩子会那么容易被宠坏吗？孩子受父母影响是最大的，任何人都无法取代。即使刚开始有点"被宠坏了"，但最终还是会以父母为楷模的。但转念一想，自己的童年和孩子的成长环境毕竟是不同的。

看来，上不上幼儿园是妈妈们最纠结的问题，她们恨不能让宝宝一直在自己身边长大，但事实上肯定是不可能的，在选择上不上幼儿园的问题上有人总结了几点建议：

第一，如果孩子已经上了幼儿园，要了解孩子在幼儿园开心不开心，有没有伙伴玩，离开妈妈会不会觉得没有安全感，被老师批评时心里会怎么想。只有通过了解孩子的真实想法，帮助孩子排解痛苦，放大在幼儿园

获得的快乐,才能让孩子开心地上幼儿园。很多妈妈在对孩子的共情中,寄托了一种超出孩子承受能力的东西,并不是理解孩子,而是过多地掺杂了成人自己的主观感受。

第二,如果决定不送去幼儿园,而是由家长自己带孩子,则需要评估一下家长的能力,孩子周围有没有同伴,是否能让孩子与外界有足够的接触,是否能让孩子在心智、社交等方面都茁壮成长。最重要的是,家庭的教育环境是否是宽松自由的,能否帮助孩子获得提升。还要注意和孩子保持距离,不要让孩子的心情牵制自己。要给孩子提供的是帮助,而不是让孩子成为全家的主导。

第三,父母有时间跟孩子在一起,并愿意学习先进教育理念和相关技术。

温娜看了这些,觉得自己的思路更清晰了。她也在网上看了一些不上幼儿园的孩子的情况。

有个妈妈说的案例就很有代表性。

> 说起来,我儿子最大的问题是没有小朋友一起玩,其次就是老人使劲塞吃的给他,唯恐不胖。
>
> 第一个问题没法解决,天冷了,我又没时间,儿子和小朋友玩的时候,需要预热一下才能表现出真实的他来,要不他的行为就让人头疼,现在被打了知道不能随便还手,但会找奶奶和妈妈号啕大哭。
>
> 第二个问题更头疼,吃饭不规律导致胃肠不好,我在家里要给他吃补脾益肠的药。跟婆婆提过,在孩子吃饱之后不要反复说"最后一口、最后一口"。本来儿子吃饱了多一口都不要,可现在经常嘴里含着饭,到处玩,奶奶在后面抓到时机就又喂他两口。对于不让儿子吃太多的问

第三章 入园准备

题，婆婆家所有人（包括老公）对我都颇有微词，而我舅他们又反复告诫我不要让我儿子吃得太胖，对他不好。到底多胖是个限度，胖了有什么不好，能带来什么不好的后果，特别对他成人后有什么影响，也没有准确的分析和数据，所以无法说服公婆。

还有就是运动量不足，儿子上了一个月幼儿园，小腿的肉结结实实的，结果现在不上了，肉是松的。

成人还会用自己的方式去影响孩子的判断。我婆家善于打造孝顺父母和长辈的家庭氛围。孝顺不是一件坏事，可是一些如养儿防老之类太功利的东西，会让他们做一些很不利于孩子独立思考问题的事情，而且主观上给了孩子一个观念，孩子认为这就是对的，这么做奶奶爷爷会高兴，他不再按他自己的想法去说话做事，更多的时候说：我听话，我乖，我不做什么什么，爷爷喜欢我，等等这样的话。好多父母也爱听孩子这么跟自己说话，而且还非常有成就感，觉得孩子懂事，可我觉得不太好。

有关研究表明，送孩子上幼儿园，能使孩子在行为习惯培养、自我管理能力、智力开发，特别是交往能力与技巧方面获得更好的发展。而如果不去幼儿园只在家庭中度过幼儿期，这些方面的发展可能会受到一定限制。因此，如果有条件，应当送孩子去幼儿园。在幼儿园里，孩子不仅能养成良好的学习习惯，还能第一次将自己融入小社会中，这都是家庭给不了的。

的确，孩子不一定非要上幼儿园，但是孩子迟早是集体的、社会的。家是社会化的第一步，那第二步、第三步呢？如果孩子需要，你得转身离开，你是否能做到？

温娜觉得网络真是个好的交流平台，坐在家里就可以看到那么多人的见解，自己也感觉受益颇多。后来，她又去听了一个幼儿园园长的讲座。那次正好讲幼儿园每个不同的阶段对孩子不同的帮助，其中有关于孩子到

底要不要上幼儿园的内容，那位园长当时放了一段录像。

园长边放录像边讲解：

"这个录像中展示了两种生活状态。第一种生活是一群在非洲原始部落里的土著的生活，他们家族几十口人世代生活在一起，家里有很多孩子，差不多就是一个混龄班了。但是他们只有一间茅草房。到了夜晚，大人孩子头朝外脚朝里成一个圆圈睡觉。他们不种植也不养殖，日常生活主要依赖从大自然中获取的自然食物，这些食物完全能满足所有人的需要。孩子从小就跟大人在一起，学习大人的生存技能……

"大人对孩子的教育用的是这个世界上最有效的教育，就是实践与理论相结合，孩子们很爱学习，很专心，父母从来不会因为任何原因指责孩子，更不会为孩子将来的生存使孩子从小就不知道什么是幸福……

"孩子们都很顺从，很快乐，他们在一起创造出许多好玩的游戏来娱乐自己，他们很早就参与到成人的家庭劳动中去，从来不觉得他们做的工作是在为家庭在付出或者在给别人干……

"孩子们不会在不该离开父母的时候离开父母……

"成人之间没有战争和冲突，没有人吵架，更没人打架。所以孩子从来不会对别人使用暴力。他们世世代代这样生活着，他们在地球上存在的历史比任何一个文明世界的人都要长……

"第二种生活是离这些土著居住地六百千米的一个很大的现代化城市的生活。那里的人每天早晨天一亮就被迫离开自己的家，为了节省时间，他们发明了代替走路的工具。这些工具每月要花很多钱去保养，所以要挣更多的钱。为了使这些车都能安全地在路上走，避免互相碰在一起，人们又发明了交通法规，这些法规很繁杂，要花很多时间才能学会。人们为了

第三章 入园准备

弥补每天工作和离开家所造成的不舒服,必须得再多挣点钱,好让生活舒服一点。这样人们必须多增加工作时间,提高工作效率,必须快一点,再快一点。为了快,人们发明了各种机器,为了能很好地适应这些机器和跟它们相适应的工作,人们必须让自己的孩子从小就到一个叫学校的地方学习几十年,以适应将来的生活……

"有人发现这种文明生活对孩子成长不利,为了养好孩子,有很多妈妈不惜放弃自己的社会角色回家带孩子。这本是很好的计划,孩子就需要家长专门照顾他们到六岁,等他们上了小学,家长也可以去做一点事了。但我们发现,这又出现了另一种状态。

"这些回家带孩子的年轻妈妈,在失去了那么多之后,觉得付出就应该有回报,这个回报就是自己带的孩子一定要非常优秀。由于没有经验,加上她们的长辈传承给她们的方法已经不适合于现在的生活和社会环境,她们感到很迷茫,迷茫带来焦虑,焦虑又造成很多问题,然后折磨家人,尤其折磨她们的丈夫,造成不良的家庭氛围。不良的家庭氛围对孩子的伤害是非常大的,孩子生活在这样的家庭中,会特别黏妈妈、胆小、身体虚弱、容易过敏……

"这样的妈妈因为专门在家带孩子,担心带不好对不起老公,担心老公对她们不满。她们把这种担心投射到孩子身上,就特别注意孩子身上的不足,结果发现孩子的不足之处越来越多,最后孩子的优良品质谁都能看到,唯独她们看不到。她们为此痛不欲生,每天生活在对自己不满、对孩子不满的情绪中。

"这样的妈妈还会想尽办法下各种功夫,觉得这样才对得起所有的人,也对得起孩子,于是她们会尽可能地赶教育的时髦,学到什么就在孩子身

上试、几天闪卡、几天回归大自然、几天歌谣、几天珠心算、几天钢琴、几天经典诵读……孩子很小时还能顺从家长的要求把学到的东西卖力地在别人面前表演一下，因为这会使妈妈无限自豪。等孩子大一点就发现这样会造成一些问题。如孩子给别人表演，如果没有得到表扬，就会很失落，他们会制造各种事端来引起别人的注意，不会沉下心来深入探索一个领域，也不会花精力把一件难做的事做好。到了五六岁，由于他们的技能不再跟他们的年龄相匹配，不再能引起别人的惊叹，从小太多知识的灌输，意志力和执行力练习的缺乏，使他们不能很好地完成社会任务，他们发现自己不如别人，于是就开始找别人的毛病，放大和夸耀自己的一点点成功。这个时候再改造这些对孩子不利的毛病就很难了……"

这位园长边讲边评论："孩子的父母每天在同一时间做着同样的事，在人口和车辆密集的人群中穿梭。因为生存竞争的激烈，有人会为得到一点小利给别人造成巨大的痛苦和麻烦。由于这样的伤害，人们对自己的同类越来越不信任。在这样的生活条件下，他们的情绪常常很不好，他们需要发泄他们的不良情绪，但他们不能对老板、同事和路人发泄，只能对他们感觉最安全的家人发泄，家人之间的感情因此被破坏。当家人都不再相爱了，他们就会更加痛苦。如果孩子的父母都是这样的情况，那他们的孩子将会怎样看待这个世界？孩子怎样能够获得安全感？没有安全感他们就不能心情宁静地去发展自己……"

这位园长还说："我们的确发现大多数职业妈妈的孩子比全职妈妈的孩子更有力量，心理上更健康一些。

"有更多的妈妈选择在法定的产假休完了就去上班，这时孩子四五个月，很容易与其他人建立依恋关系，所以找老人或者保姆来带孩子理论上

第三章 入园准备

是可以的。这种情况的妈妈,没有失去自己的社会角色,没有把自己十几年的寒窗苦读付诸东流,所以在这方面也没什么问题。"

园长还提醒在场的家长:"有两方面是职业妈妈需要注意克服的。首先,总感觉对孩子有愧疚,回家后拼命补偿,使孩子觉得妈妈回来就是幸福回来了。一回家就把孩子揽在怀里,满足孩子一切要求,不去引领孩子进入有建设性的两人生活。这造成孩子每天一直等待着和妈妈相聚的时刻。其次,没有培训好带孩子的人,造成他们用非常糟糕的方式对待孩子。"

园长建议如果不能满足孩子的发展需要,不能组织一些家长把孩子集中在一起,还是把孩子送到幼儿园比较好一些。

温娜觉得这个园长的话很有道理,但她无法联合小区里的爷爷奶奶和阿姨把孩子集中在一起,如果能让他们把孩子放在自己家里,不就等于自己也办了小幼儿园了吗?但自己对幼儿教育一知半解,如果真办家庭幼儿园,还真的没那么有信心。如果其他孩子的家长和自己的养育观念不一致,恐怕也不会同意她的做法。她不知如何说服别人接受自己的观点,再加上如果家变成了幼儿园,每天几个孩子和大人在自己的家里,老公回来,连个安静休息的地方也没有了,几年下来,估计自己的家恐怕就得散伙了。

温娜决定还是选择送孩子去幼儿园,用那位园长的话说:"幼儿园是一个有准备的环境,而家庭是一个缺乏准备的环境。幼儿园除了为孩子的发展准备了物质条件之外,还准备了丰富的社会条件,让孩子从小就能够与各种年龄不同、性别不同、性格不同的孩子在一起,建立与别人深入交往的信心,送幼儿园是值得的。"

温娜还从一个教育网站上看到,有专家认为,如果等孩子长到六岁之后,还没有深入地与其他孩子交往过,那么在今后的日子里,这个孩子很

难再产生对他人深入交往的行为，并极有可能躲避他人、躲避群体。即使想交往，由于缺乏技能，也容易受到挫折。受到挫折后，又会很快放弃这种交往的努力。但在两三岁的时候，孩子会去交往，即使失败了，他也会一而再，再而三地去找同伴。

了解到这些，温娜觉得幼儿教育真是一门很深的学问，以前那种以为幼儿园就是看好孩子的想法真的太肤浅了。温娜了解得越多越觉得自己以前太无知，越觉得自己为小西上幼儿园所做的搬家决定是对的。

李跃儿贴心话

如果家长比较能够理解孩子，知道怎样帮助孩子获得发展，又能联合十个左右的孩子在一起养育，孩子完全可以不上幼儿园。其实家长把孩子放在一起让他们自己玩耍，大人在一起聊天，每天上午玩两三个小时，下午有一两个小时的大肢体活动，孩子完全可以不上幼儿园。如果一家只有一个孩子，又是老人和保姆带，不跟别人近距离地来往，即使是经常带到小区去，孩子也不跟其他孩子长时间玩耍，不能完全融入孩子的群体中，也会使孩子的社会性能力发展以及对同龄人的理解方面的发展受到阻碍，所以孩子还是上幼儿园比较好一点。与家庭相比，幼儿园是一个有准备的环境，家庭是一个自然的生活环境。孩子既在自然的家庭生活中成长，同时也接受有准备的环境的帮助，这样孩子的发展才能获得肯定的帮助，所以没有准备的环境和没有准备的家长，是需要把孩子送到幼儿园的。

第三章  入园准备

第二节 入园前要为孩子准备什么

功夫不负有心人，在温娜的死缠烂打之下，老公终于同意搬家，但他扬言不再管孩子的事情，由温娜自己做决定，以后孩子的好坏他也不管了。温娜虽然伤心，但老公同意搬家已经赢了第一步，她相信他只是一时赌气，到时候一定会管的。

温娜跟那所家庭幼儿园办好了入园前的手续，随后找房子收拾东西，折腾了有两三个月的时间。新家所在的地方是一个纯生活的社区，马路上的车不是很多，相对人口也比较单纯一些，都是一些社区居民，生活也还方便。

小西对陌生的环境有些不适应，每天无数次喊着要回自己的家，尽管家具搬过来以后，温娜尽量按原来家里的位置摆放，但房子格局不一样，看上去还是不像自己的家。她反复告诉女儿这就是自己的新家，但是到了晚上女儿还是闹着要回自己的家。

温娜打算等孩子适应了新家以后，再带她去幼儿园。小幼儿园也是在一个家属房里，温娜担心孩子会以为幼儿园又是一个新家，如果小西对新家还没适应，再去幼儿园那样一个更加陌生的环境、和一些陌生人在一起，可能会更加不适应。

不管怎样，把幼小的女儿放在一个类似于家庭的环境里，总比放在一个类似于学校的环境里温和一点，等女儿长大一点，再送到一个类似学校的幼儿园，这样孩子就不会因为陌生而感觉痛苦了。

温娜跟这所小幼儿园的主办人约好，让女儿适应一个月的新家再入园。

同时,为了让女儿提前熟悉一下幼儿园,她每天早晨用小车推着小西到那所小幼儿园的小区里,母女俩站在远处看其他的家长送他们的宝宝入园,一边看一边跟小西说:"那是幼儿园,过几天你也要去那里上幼儿园。"

当她这样说的时候,小西一脸迷茫,根本没有看那所幼儿园。温娜不知道这样是否有用,这所幼儿园有亲子班,允许将要入园的孩子周末和妈妈一起来熟悉环境。

有时候温娜带着小西看完幼儿园往回走的时候,一想到有一天把女儿留在那里,自己一个人回家,她心里就很难过。她无法想象两年多来第一次把孩子放在一个陌生的环境里和陌生人在一起的感觉。一想到自己离开后,女儿伸着小手悲恸欲绝的样子,她的眼泪就流出来了。有时候她想不通,人为什么要过这样的日子,为什么不能像动物那样一直带着他们的幼崽长大,一生都在一起。

想归想,小西不可能不上幼儿园,现在家也搬来了,只有硬着心肠渡过这一关。

她看到一些文章介绍,如果在这时候父母内心特别不愉快,特别忧伤,这种信息会传递给孩子,孩子就会把自己面对的事情跟这种忧伤的情绪配对,如果是这样,就等于孩子的父母为孩子准备了忧伤、恐惧和担心。当这些不良情绪遇到父母跟孩子分离的时候,起到的作用便是让孩子更加忧伤和恐惧。如果父母在孩子上幼儿园之前,是放松快乐的情绪,孩子入园时就没有严重的负面情绪来加重自己对离别的感受。

温娜带着小西上了四次亲子班,在这四次活动中女儿并没有接纳老师,虽然老师引导小西做事情时,她也会做,但她没有回答过老师的问题。当老师笑着和她说话的时候,她总是呆呆地看着老师,大部分问题都是温娜

第三章 入园准备

代女儿回答的。老师几次告诉温娜:"请你不要代孩子回答问题。"但当小西不回答老师问题的时候,温娜就感觉很丢脸。每当这时,她就觉得必须要送孩子进幼儿园,至少小西不会像现在这样那么不懂礼貌、不爱学习吧。

和那个有大沙坑的幼儿园相比,这所幼儿园的玩具少得可怜,当温娜问这里的老师时,老师说:"玩具放得多了不好,那样会造成孩子不能深入玩耍,我们故意在教室里放很少的玩具,好保护孩子的创造力和想象力。"对于这种说法,温娜不置可否。

周一到周五温娜开始和小西一起玩上幼儿园的游戏。温娜拿着自己家里的小毛绒熊,让小熊背着小羊,到了幼儿园门口,小熊把小羊送给幼儿园的长颈鹿老师,让小羊跟小熊妈妈再见。做到这里她独自笑起来,家里没那么多小熊,怎么小羊的妈妈变成熊了?好在小西也没有什么疑惑。温娜学着老师的样子,在家里的小凳子上面蒙上一块布作为幼儿园,小熊每天领着小羊摇摇摆摆地上幼儿园,长颈鹿老师就会迎接它们,它拉着羊的蹄子让小羊跟熊妈妈说再见。小西很爱听这个故事,每次听完都会让妈妈再来一遍。

讲了几天之后,温娜觉得重复得太多了,想在里面加点情节使故事变得新鲜一些,如让小羊走着走着,发现路边有只虫子,小羊去看,长颈鹿就告诉它,这是一只会变蝴蝶的毛毛虫……这时小西会说:"不是这样的!不是这样的!"说着小西就会哭,这时温娜只好按照原来的样子一字不落地重复,也不知道这样到底对不对,看来自己已经没有办法教自己的孩子了,送到幼儿园是对的。

温娜还是每天早晨坚持带小西到幼儿园门口,看着别人进去,有时候

小西也拉着妈妈的手说要进去。看来小西已经认可这个地方了,她入园后应该不会出现温娜想象中的那幅撕心裂肺的图景。

李跃儿 贴心话

孩子在入幼儿园前后,幼儿园都会指导家长准备入园的手续、入园的物品,以及必要的心理准备。以我自己多年的经验来看,家长既然选择了一所幼儿园,在孩子入园期间,准备好对幼儿园的信任是最重要的。如果家长不信任,就会焦虑、担心,这些焦虑和担心的情绪会感染到孩子,使孩子入园期间的适应变得困难许多,反而增加了孩子的痛苦。

有些家长在择园时择得太远,必须要放弃自己已经住习惯的家,搬到自己感觉不舒服和不愉快的地方去追随一个幼儿园,我不赞成这样的做法。因为孩子入园本身就是一个困难的过程,搬家又容易给家人带来情绪和情感的波动,在孩子入园时就无法给孩子全力的精神支持。所以还是在离家近的地方选择一个好一些的幼儿园,然后慢慢去影响他们,使他们渐渐意识到哪些做法对孩子不利,相信所有的幼儿园都想帮助孩子,使孩子更好,没有人花时间和精力专门去做对孩子不利的事情。

我见过很多传统幼儿园的老师,很向往很愿意搞一个美好的、能令孩子幸福的教育,他们是非常愿意学习和提升自己的。以前在李跃儿教育论坛中,有许多网友无法到北京来上芭学园,他们就奋起改变他们孩子正在上的幼儿园,结果他们真的影响了孩子上的那所幼儿园的老师和园长的态度,使那所幼儿园的全体孩子和家长都受益,很多人因此也参加到幼儿教育的大军中,自己办幼儿园来实施自己的教育理想。

幼儿园那些事儿

第四章 chapter·4

第四章 幼儿园那些事儿

第一节 宝宝撕心裂肺的哭声

终于到了入园的那一天，早晨温娜给女儿装了几身换洗的衣服、尿片、小水壶，还有出外玩时的遮阳帽，带着孩子来到幼儿园。

进门的时候，小西没有什么反应，拉着妈妈的手平静地四处观望着。因为幼儿园允许孩子入园第一天家长陪园，所以温娜这一整天都可以陪着女儿。小西经常会离开妈妈去做事情，但是回头必须能看到妈妈在，经常是玩一会儿，再到妈妈怀里趴一会儿。活动的时候，也像亲子班一样，拉着妈妈的手一起参与。有一次老师让温娜帮忙做点事情，小西正和其他小朋友一起活动，但她对妈妈的行动非常敏感，发现妈妈要离开，马上跑到妈妈身边。温娜无助地看着老师，老师笑着说："没事。"

这一天小西尿了两次裤子，都是温娜自己换的，她不停地端着壶给孩子喝水，没有人关注这些。只有两次老师对温娜说："现在是户外活动，孩子可以到户外。"

温娜想不出明天自己不来的时候小西该找谁，孩子跟谁都不熟。她想起自己当年参加工作的时候，上班第一天，她站在单位的大厅里手脚都没处放，感觉谁都比自己强，别人从她身边匆匆地走过来，走过去，没有人告诉她该干什么。她感觉像站了有几个世纪一样漫长，后来才来了一个自称是科室主任的人，告诉她哪是她的办公室，要做什么事情。那时她已经二十三四岁了，现在自己的宝宝才两岁，孩子该如何面对这样陌生的环境？这样想着，温娜感觉心跳加快了，脸也红了，眼泪也不争气地要流出来，她咬咬嘴唇忍住了。

宝宝入园那些事儿

女儿在她怀里,胳膊架在她腿上,看着其他小朋友玩耍。明天早晨一来,温娜要把女儿交到老师手里,自己必须很快掉头离开。她无法想象这个情景,一想她就感觉呼吸紧张,喘不上气来。

这天晚上,温娜躺在床上翻来覆去睡不着。她甚至想,算了,不送了。终于熬到天亮,温娜早早起来,收拾好东西,抱着孩子走出家门。

到了幼儿园,温娜发现教室里已经有另外一个宝宝在哭了,她把女儿放在地上,蹲下来说:"你跟小朋友还有老师一起玩,晚上妈妈会来接你。"在这之前,她还不曾把孩子留在陌生的地方自己离开过,所以女儿也没有这样的经验,温娜又说了一遍:"宝宝在幼儿园,妈妈下午来接宝宝。"看女儿没反应,温娜以为女儿理解了,心里稍稍轻松一点。

一个老师热情地迎过来,温娜尽量笑着。老师蹲在孩子旁边,两只手轻轻地放在孩子身边,一边用眼神示意温娜离开。温娜的手还拉着宝宝的手,不知道怎么脱离。老师一只手托着孩子的手,拇指伸向指间,一撬就把温娜的手撬出来。这时温娜紧张得快喘不上气来了,她只知道拼命地跟女儿说:"宝宝再见,妈妈下午来接你。"女儿好像还不知道是怎么回事,就被老师抱着往教室走去了,温娜也没听到哭声。

温娜快步离开了,眼泪像断了线的珠子一串串落下,迎面走来很多家长。她觉得不好意思,捂着脸快步往家里走。回到家里,看到床上孩子的东西,她趴在床上放声大哭。哭了一会儿她感觉很疲倦,闭着眼睛想休息一下,但无论如何都睡不着,只好起来洗把脸,走出家门。

走着走着,她就不由自主地朝着幼儿园的方向走去。在紧邻幼儿园的一个楼的拐角处,她停下了,侧耳细听,没听见什么动静,就悄悄猫着腰躲在窗下。

第四章　幼儿园那些事儿

　　过了十几分钟，她突然听到一声孩子的大哭，这声哭似乎不是刚开始的，是哭了很久之后中间的一个间歇。这是温娜带孩子两年中听到的最悲惨的孩子哭声，她的心提到了嗓子眼，这是自己的孩子在哭。她无助地靠着墙，任眼泪流了一脸。

　　她很想看看女儿在里面是什么样子，老师是不是在抱着她。她想象着女儿被扔在地上，无助地哭，无数条腿从她身边路过，没有一个人停下来看看她。女儿的哭声是那么凄惨，老师肯定没有把女儿抱在怀里安抚，不然女儿怎么会哭得这么伤心。想到这里，温娜突然感觉自己火往上冒，真想冲进去一把抱起女儿离开这里。

　　这时单元门突然打开了，温娜吓了一跳，赶忙擦去眼泪。出来的是一位五十岁左右的大妈，看到温娜这样，就问她："怎么着？孩子上幼儿园了？唉，孩子成天在哭，烦着呢。这本来是居民楼，就不是办幼儿园的地方。我们这单元现在是什么人都会来，我们还准备反映这问题呢。"

　　温娜正沉迷在自己的情绪中，有点无精打采，老太太一通抱怨，她心里更是七上八下，万一这些居民对幼儿园不满，幼儿园还能办下去吗？

　　她担心自己被老师看见了，只好勉强自己往家走，但她又想知道孩子的情况，所以犹豫着是不是该躲在另一个墙角再看看。她又想起有老师跟她说："孩子在入园之后都会哭，如果孩子看到家长在附近藏着，哭的时间会更长。家长一定要果断、坚定，并且在心里相信老师，相信幼儿园。如果家长不相信幼儿园，这种不信任的信息就会传递给孩子。对孩子来说，每天感觉去一个爸爸妈妈认为不好的地方或者是危险的地方，孩子会更加难过，会沉浸在自己的痛苦中，拒绝老师和其他小朋友。"

　　对于这个说法，温娜还没有经验，也不敢拿自己的孩子做实验，所以

她咬咬牙，还是坚决地离开了这个小区。

　　回到家里，温娜的心情怎么也好不起来，无心做任何事，也懒得做饭，满脑子都在想象幼儿园的情景，想象着女儿小小的人儿在幼儿园含着眼泪、流着清鼻涕、独自缩在墙角无助的样子……她觉得老师说的那些道理，似乎是想让家长全部信任老师，信任幼儿园，这样一来，家长们就不再监督幼儿园，不再怀疑幼儿园了，如果这样，那他们不是想怎么样就怎么样了吗？有很多幼儿园，孩子出了可怕的事，在入园的时候老师恐怕也是这样给家长说的吧，孩子回家又不会说，家长也不知道，温娜越想越觉得不寒而栗。

　　十点多是孩子们的户外活动时间，温娜还是忍不住跑到幼儿园附近的一栋家属楼旁边偷偷观察幼儿园的动静。孩子们慢慢走出来，面无表情地跟在老师后面，老师大声唱着歌，但没有孩子应和。

　　最后，老师抱着小西出来了，怀里抱着小西，却忙着跟其他孩子说话，指导其他孩子做事。小西被抱在怀里似乎变成了一块木头。温娜看着这情景，心里很不舒服。

　　走了几步，老师把小西放下，拉着她的手，跟着其他孩子一起走到了小区公用的沙坑里。沙坑用砖头圈了起来，直径有两米左右，里面有一些类似泥土和沙子的东西。

　　孩子们拿着小桶和铲子在里面挖起来，小西站在沙坑的边上，面无表情地看着别处。过了一会儿，小西突然"哇"的一声大哭起来，哭了好长时间，才有一个老师走过来，弯下腰来不知道跟小西说了些什么，然后拉着小西进了沙坑蹲下来开始玩了。

　　温娜的眼泪不知道什么时候又流了出来，擦掉眼泪之后温娜感觉自己

第四章 幼儿园那些事儿

更加痛苦了,很想马上找个人去说一说,找谁说呢?如果给老公说了,老公肯定会抱怨温娜不该那么折腾。如果老公真的觉得这所幼儿园是一个不负责任的幼儿园,要求搬回去上自己家门口的那所私立幼儿园,情况可能比现在更糟,所以她只能忍着。

看看离下午接孩子的时间还有将近六个小时,她回家胡乱吃了点饭,发了一会儿呆,打开电脑,想看看有没有跟自己一样为孩子上幼儿园痛苦的人,是自己神经过敏,还是每个孩子入园都一样,每个妈妈的情况都一样?至少自己可以在网络上找那些同病相怜的家长,看看别人是怎么度过这个时期的。

一个妈妈写道:

> 我家宝宝是十一月份的,明年直接上小班,到时也快四岁了,一直担心宝宝入园哭闹,所以从两岁多我就天天对他说幼儿园里面可以学知识、唱歌跳舞,还有好多玩具,有滑梯有秋千有木马;每个小朋友有自己的小床小桌小椅子,大人不可以进去哦,会坐坏、玩坏小朋友的东西;小朋友去上学,爸妈要去上班;等等。宝宝对爸爸妈妈不能进入幼儿园玩表现得痛心疾首,这个心理准备算是做足了,希望到时见效,宝宝已经对上幼儿园表现得很坦然了。
>
> 姥姥曾在幼儿园工作十多年,也目睹了太多刚入园哭闹的孩子,老师根本管不过来,哭喊的、绝食的、不睡觉的、拉屎尿尿在身上的……希望这招有效,这是心理上的准备,其他比如自己上卫生间、穿衣服、吃饭等已经在学习中,这样不但可以减少老师的麻烦,也能让他照顾好自己,这些都是姥姥教的。
>
> 但愿……

还有一个妈妈这样说:

　　我家孩子敏感、内向,有过一次入园失败的经历,我对他再上幼儿园真是煞费苦心。首先是选老师,这次的两位老师都是年轻的母亲,亲切面善,我把儿子的情况向她们说明,希望老师对他有所了解,并多关照他。其次我希望有个他熟悉的小伙伴和他结伴入园。正好,小堂哥比他大三个月,家人一商量,把他哥俩就放在了一个班。两个都较胆小的孩子在一起,也许彼此能有个照应。入园没多久,儿子就爱上幼儿园了,但还是很胆怯,也不够活泼。于是,每天接他时,我尽可能在幼儿园多逗留,和老师交谈,和他们班的小朋友玩耍,并结识几个投缘的小朋友的家长,相互交流孩子的情况。放假时,我会邀上他班的小朋友,骑上小自行车结伴在户外游玩或互相串门。有了这些相互熟悉的机会,渐渐地,儿子开始合群了。如今,儿子已经四岁了,在班上和小朋友们玩成一片,人也活泼开朗,喜欢听老师上课了。

第三个妈妈这样说:

　　讲讲我自己的做法吧:

　　1. 在要上的幼儿园里上了半个学期的亲子班,让孩子熟悉幼儿园环境,熟悉有老师的生活。

　　2. 现在每天跟她说说幼儿园的一天是怎么开始的,都做些什么。

　　3. 告诉她上幼儿园的时候爸爸妈妈要上班,并且带她去过几次单位。

　　4. 我们的幼儿园不让陪园,我们上的是混龄班,打算提前一天带她去认识她的班级、物品存放的地方,以及了解厕所在哪里。

第四章 幼儿园那些事儿

这些妈妈做的事情,温娜都做了,那女儿为什么还要哭呢?

看着这些帖子,温娜的思绪逐渐地转移到了孩子和家长情绪方面的问题上,一个好幼儿园,是不是孩子入园就不哭了呢?是不是一开始就高高兴兴地去?一个好妈妈是不是就不会在孩子入园哭的时候,怀疑幼儿园照顾不周到,或者幼儿园不够好?自己是不是不应该产生这么多的不良情绪?不应该怀疑幼儿园?不应该对幼儿园老师有怨气?温娜想,虽然刚入园时在幼儿园待了一天,但自己离开以后孩子在幼儿园到底怎么样呢?如果能亲眼看看小西现在每天是怎么吃饭的,怎么睡觉的,怎么上厕所的,万一尿裤子了老师是怎么照顾她的,看看其他孩子是不是也会哭,过后他们是怎么玩的,可能就不会天天因为想着孩子在幼儿园是不是受罪而难过了吧?

温娜矛盾着,是不是要到小西的幼儿园再去跟一天?其实在陪园的时候她感觉老师对孩子的照顾还是可以的,除了尿了裤子老师没有第一时间换,有时孩子鼻涕出来挂在嘴唇上,老师没来得及擦以外,她也没有看到这所小幼儿园别的不好的地方。可那天没有同样第一天入园的宝宝,她没有观察到别的妈妈刚离开孩子,老师怎么对待。她只是看到老师时刻都在忙。如果妈妈离开,刚入园的宝宝那么无助地哭,老师会顾得上吗?如果老师顾不上,那这个可怜的宝宝是不是只有一个人坐在那里哭?想到这里,她的眼泪又流出来,她决定下午早点去跟老师谈一谈。

孩子是下午四点半离园,温娜三点半就迫不及待地在幼儿园那儿转悠了,好不容易等到四点半,她按响了幼儿园的门铃,进到幼儿园。她有一种感觉,似乎只有自己待在这个屋子里,幼儿园的空气才是美好的。

她进来以后看到很多宝宝已经吃完饭了,有的在看书,有的在闲逛,

女儿还坐在餐桌上,眼睛里含着眼泪,手里拿着半勺饭,清鼻涕挂在嘴唇上,脸被眼泪蜇得红红的。看到女儿这个样子,温娜的心凉到了极点。

老师示意她往一边躲一躲,她躲到一个孩子看不到的角度。老师小声给她说:"今天还不错,中午吃饭吃得还可以。"她在心里说:不错是什么意思?可以是什么意思?

老师接着说:"宝宝虽然在哭,但是中间会停歇下来,看其他孩子工作,别担心,孩子不会哭坏自己的。今天尿了两条裤子,老师都给洗好了,包在塑料袋里,拿回去清一下给晾干就可以了。"

她本来想问老师很多问题,但是这时哭泣哽咽在喉中,无法说话,怕眼泪流出来。老师也看出了她的痛苦,所以用手轻柔地摸了一下她的上臂,说:"放心吧,我们会照顾好你家宝宝的。"

这话对她不起什么作用,因为她没有看到老师照顾好自己的孩子,在家里吃饭时,小西都是跟妈妈一边吃饭,一边会突然抬起头用她那稚嫩的童音呱呱呱地说几句她认为好玩的事情。每到这时,温娜心里别提多熨帖了,觉得精心为宝宝和全家人准备饭菜真是生活中最快乐最有意义的事情。现在教室里乱哄哄的,自己的宝宝坐在那里,嘴里含着凉饭,难以下咽。脚上的拖鞋竟然反穿着,像个倒写的八字,这让她怎么相信老师说的会照顾好孩子呢?她再伸头看时,小西仍然没有吃饭,勺子还捏在手里,半勺饭还在。

主班老师过去给小西说:"小西,还想吃吗?如果不想吃就可以不吃了,如果还想吃就把碗里的饭吃完,你还想吃吗?"小西看着老师,就像没有听见老师说的话,脸上没有任何表情。老师用餐巾纸给小西擦掉了鼻涕,说:"如果你不想吃了,老师把你的碗收了,你可以回家跟妈

第四章 幼儿园那些事儿

妈再吃饭。"当提到妈妈时,小西又"哇"的一声哭起来。老师将小西抱在怀里,小西完全依附在老师身上,看上去像平常哭时在妈妈的怀里一样。老师抱着她坐在墙边的沙发上,低着头给她说着什么,小西立刻就不哭了。老师一边给她理着头发,替她抹掉眼泪,一边把她放在地上。小西马上就往门口走过来,鞋带也没系好,拖在地上,一走一甩,像个刚从战场上回来的疲惫的小伤兵。温娜看着女儿这个样子,心里像被人揪了一把,眼泪差点就掉下来。温娜不理解,为什么自己来了老师不让自己陪小西吃饭,还要把她抱在怀里说几句话才让小西来找自己。

温娜迫不及待地从墙角跳出来,小西看到妈妈,笑着扑到她怀里。温娜提起孩子的包,急急地换了室外鞋,赶快抱着女儿走到外面,她感觉在这个房间里再待一会儿自己就要窒息了。

来到外面,她总算透了一口气,赶快帮女儿把鞋带系好。她把脸埋到小西的怀里,想把女儿逗乐,小西也真的咪咪地笑了两声,然后深深地叹口气,认真地跟妈妈说:"妈妈,我明天不上幼儿园了。"

温娜不知道怎么回答女儿的问题,只好说:"我们先回家吃饭,吃饱饭爸爸回来,我们做游戏。"

小西马上高兴了,温娜抱着女儿做敲鼓状,逗着女儿发笑,一路回到家里。看着女儿在家里开心的样子,她想明天一定要找老师好好谈一谈。

第二天,小西早晨一起床就开始哭,不断地说:"我不上幼儿园,我不上幼儿园,呜⋯⋯"往幼儿园走的路上还一直哭个不停。

到了幼儿园门口,小西紧紧地揪着妈妈的衣服不放。温娜心里很乱,不知道该怎么办,她没搞清女儿是怎么松手到老师怀里的。老师笑着让小西跟妈妈说再见,她勉强咧嘴应了一句,掉头就走,她听到女儿在她身后

撕心裂肺的哭声。

上午十点钟,主班小杨老师打来电话,让温娜特别意外,自己正想找机会跟老师好好聊一下,小杨老师却主动打来电话,这让她心里舒服了许多。

老师开口就跟她说:"小西妈妈,小西现在已经不哭了,今天哭的时间比昨天短多了。"温娜嘴上不说什么,但心里根本不信。

小杨老师接着说:"我打电话来不是为了小西,是为了你,我看到你很难受,你这样孩子会更加难受的,在这种时候孩子需要从你那里感觉到力量,感觉到幼儿园是一个能让她放心的地方,孩子才能接纳这里。如果你那么难受,孩子就会觉得幼儿园是一个可怕的地方。"小杨老师还说:"任何一个孩子离开妈妈都会感觉特别焦虑、特别痛苦,这是正常的,但是孩子会适应的。"

温娜心想,人本来就是个适应环境的动物,再恶劣的环境人都能适应,不是还有孩子跟狼生活在一起也适应了狼的生活吗?但并不是说孩子能适应环境就说明环境对孩子是有利的。这时的温娜已经不自觉地否定了一切。

小杨老师在电话那边又说:"你一定要放松,这样你的孩子才会更快地度过入园的痛苦时期。"听到这里,温娜觉得老师有些责备自己的意思,自己的状态是不是真的害了小西?小杨老师后面说了什么,她全没听进去。

最后她听到电话那边问她还有什么问题没有,她想问的事情很多,但不知道从何问起,总不能问孩子吃饭的时候你们为什么不给她擦鼻涕,为什么在幼儿园尿了两条裤子,在这之前孩子已经会说要尿尿了;也不能问孩子在哭的时候老师抱不抱她,孩子的鞋子为什么穿成那样。这些问题她问不出口,因为老师当着温娜的面是抱了孩子的,而且也给她擦了鼻涕,只是

第四章 幼儿园那些事儿

没有在鼻涕刚刚流出来就擦。

温娜迟疑着，说："现在还没有，等我想好了去找你们，可能有很多问题要向你们请教。"

小杨老师客气地说："小西妈妈，很多妈妈这个时候都很焦虑，会提很多问题问我们，你却说没有问题，你真是一个很有力量的妈妈。"

温娜客气地说："没有没有。"

她说的是实话，也觉得小杨老师表面在表扬自己，实际上是在批评自己的焦虑。

为了缓解自己的焦虑，温娜这些天来一直在网上看有关孩子入园哭的帖子，她发现有不少孩子刚入园时都哭得很厉害，有的哭的时间还很长。温娜可以想象到，那些孩子的父母在经历着和自己一样的煎熬。但下面几个妈妈的帖子和后面园长的回答让温娜的心情稍好一些。

一个妈妈这样说：

> 我的儿子三岁零四个月，上小托班，且是班级里最大的孩子。上幼儿园已经半个学期了，但是每天早上去幼儿园，只要一进班脸就变了，就会大哭。但据老师说他也就最多哭五分钟，然后一天都能高兴地参加游戏和教学活动。曾经问过儿子为什么每天早上都要哭一下呢，他说：妈妈我只哭一会儿。我现在也随他去，他要哭就哭一会儿吧，我想这也是正常的情绪发泄。不知道大家有什么看法？

园长答：

> 的确，每个孩子在入园的时候都会哭，因为家长是孩子的第一依恋

宝宝入园那些事儿

人，一个儿童最害怕的就是离开自己的养育者，这是孩子的生存本能。所以我们把孩子送到幼儿园，孩子哭是正常的。想象一下，如果我们的亲人把我们带到一个陌生的地方，告诉我们"你在这里待一天，到晚上我来接你"，我们的感觉可能跟孩子是一样的。这样看来，哭是人类的正常情感，所以我们要用正常的态度去对待它。

人类在一生中总是会遇到这种需要我们突破才能前进的坎，突破的过程没有人会感觉舒服，我们只有在接纳我们的痛苦的同时，继续前进。所以在入园的时候我们要认可孩子的伤心和哭，同时继续坚持让孩子适应幼儿园。

还有一个妈妈发了很长的帖子：

宝宝现在两岁零八个月，上幼儿园有两个月了。他很喜欢哭，基本上，批评他两句，他就哭开了，也没眼泪，就是干号。比如，跟他说不要吃棒棒糖，他立马会哭；跟他说，不能打别的小朋友，他也会不高兴。总之，有一点不如他的意，他就哭开了。本来以为他在幼儿园不会这样，今天老师打电话来，我才知道也会这样。真不知怎么办才好。

上周四夜里哭了整整一个半小时，边哭边喊："妈妈，你别走。一说再见你就走！"像这种情况，大人肯定又心疼又上火。我忍住不发火，把他抱在怀里拍一拍，走一走，跟他说："妈妈看见你伤心也很难过，你跟妈妈说说你都遇到什么伤心的事情了。"他不理我，继续哭继续喊："妈妈你别走。"等哭够了安静下来，他躺在我怀里，跟我一起看了本书，高兴了，一觉睡到天亮。

园长答：

第四章 幼儿园那些事儿

很多老师和幼儿工作者也不见得有非常好的对待儿童的观念和对孩子深入的理解，孩子的哭会让所有的人都难受，有些教育工作者没有好的办法来解决孩子哭的问题，就试图用简单的方法来制止孩子的哭。因此，有的人会用恐吓的方式，有的人可能会直接要求孩子停止哭泣，这样孩子就会更加难受，因为他们的忧伤没有被理解，他们的痛苦又不能正常宣泄。一个这么小的孩子怎么能忍住自己的忧伤呢？所以成人帮助孩子的能力是需要练习的。首先不要害怕孩子的哭泣，孩子哭的时候你一定要保持平静，这样你才能够理性地找到帮助孩子的方式。

理解和接纳孩子的哭，并不等于是忽视孩子的痛苦。如果用语言的方式告诉孩子，自己理解孩子为什么痛苦，并且在孩子发泄痛苦的时候急于要求孩子跟自己沟通，这都无形中给孩子增加了压力并暗示孩子注意痛苦。

其实在孩子哭的时候，你只要待在孩子身边，让孩子知道你在倾听他的哭，等孩子哭得差不多了，再给他一个温暖美好的关怀，来扭转孩子内心的痛苦情绪。比如，讲一讲自己小时候上幼儿园，妈妈离开了，自己以为妈妈不回来了，就在幼儿园里使劲哭之类的故事，让孩子发现妈妈其实跟他也一样。最好讲故事的时候把孩子逗乐，这样，妈妈每天给孩子补充了心理的力量，使孩子能够精神饱满地去面对第二天的困难。

如果在幼儿园老师也能够给孩子浓厚关怀的话，适应幼儿园之后，孩子会变得更加有力量。所以我们家长要用心灵来感受孩子，而不要只用大脑来思考，因为大脑的思考往往缺乏心灵的感受。比如这时只给孩子讲道理就是这种情况，不能够触动孩子心灵深处的情感。可以在孩子哭的时候，跟孩子说："我知道你离开妈妈上幼儿园很难受，妈妈走了以后，你会感觉到害怕，告诉妈妈你在幼儿园发生了什么。"

下面是一个妈妈的求助：女儿死活不上幼儿园怎么办？

宝宝入园那些事儿

女儿今年三月份入园（哭了三个星期，脾气比较倔强），五个月之后的一天，说什么也不愿去幼儿园了，到了校门口就是不下车，看到她哭得那难受劲，我就把她带回了家，就这样在家歇了整整一个暑假。

园长答：

这样做对孩子很不好，除非您打算再也不让孩子上幼儿园了，这样的做法等于告诉孩子，只要使劲哭就可以避免上幼儿园。那她以后就会试着拼命哭，不达目的决不罢休。

妈妈说：

女儿昨天开始恢复幼儿园生活，没哭，老师说一天都挺好，没什么不好的情绪。可到了今天早上又不行了，她在家就嚷着"不上幼儿园……我今天不想上幼儿园……"。一路上也闹了点小情绪，我问她为什么不愿上幼儿园，她说："有小朋友打我，有小朋友抢我玩具。"我知道这不是真正原因，她只是不想和我分开。

园长答：

这可能是真的，因为孩子在家没有小朋友跟他互动，都是大人跟孩子的互动。大人跟自家孩子互动是顺从型的，大多数是大人满足孩子的要求，并主动照顾孩子。孩子跟小朋友互动时，小朋友不会像爷爷奶奶爸爸妈妈那样照顾他，时刻关注他。小朋友群体会有各种各样的人，有的对他好，有的不理他，有的侵犯他。孩子在家里从未遇到这样的情景，无法理解和处理这样的信息，所以感到很恐惧。成人感到恐惧时会用意志力要求自己突破恐惧，而孩子的意志力还没成长起来，他们对付恐惧

第四章 幼儿园那些事儿

的办法就是本能地不离开保护人。如果必须要送幼儿园,而这个幼儿园的确是能够爱孩子的,最好的办法就是让孩子发现,一直去幼儿园也没发生什么,并且还有好玩的事。孩子用自己的经历证实了幼儿园的环境是可靠的,也就真正适应了。

妈妈说:

到了校门口,我让她下车,她就拉住车门不让开。我使劲打开车门,她又死死拽住车坐垫不松手,怎么劝也不行。最后还是我狠下心硬把她的手掰开,抱出来塞给了老师。老师抱着她走的时候,我听到撕心裂肺的哭声和喊声:"妈妈,过来……"

园长答:

尽可能不造成这种情景,家长和孩子的这种斗争更加重了孩子的恐惧感。遇到这种情况,可以手扶着孩子的手请她放开,一直坚持到孩子自己松开手为止。家长用自己的耐力而不是用身体力量来让孩子松手。如果我们用意志力而不是身体的力量,孩子下次可能就不会这样做了,同时他们不会被争斗的力量搞糊涂,以为家长不爱自己了,以为自己是力量很小的人,自己是弱者,有时这个认识会留到成年。

妈妈说:

我想问的是:该继续送女儿去幼儿园,请老师关注,还是尊重孩子的要求,让她在家休息几天?怎么样才是对孩子好的?谁能答复我呀!

我很痛苦!女儿可怜啊,她哭了几天了,是一想起来就哭啊。她两岁半刚去幼儿园那会儿都没有这么哭过。现在都差不多入园一年了,真让人着急啊。

园长答:

每当遇到这种情况时我们就要审视一下自己,看看我们对孩子是一种什么样的爱,我们拥有的是爱的感觉还是爱的决心。爱的感觉就是我们的心里有一团感情,使我们的情绪和表情很有爱意,使别人看到我们就知道我们在爱。这种情形和屏幕上的演员真诚的表演有点像。

爱的决心,除了上面讲的那种感觉以外,更多的是时时刻刻为孩子的将来、为孩子的生活着想,这样我们就会想办法去达到某个对孩子最有利的目的,在这种情况下,家长才能分清什么是孩子真正需要的。

如这个宝宝,她想要的是不去幼儿园,不面对一个幼儿园环境的冲突,让自己舒服一点。而她需要的是获得发展,练习和别人相处,练习感受别人,并能深刻理解他人的意图、动机和情绪感情,等等。这样她才能很好地与别人相处,只有能够与别人相处才能顺利地融入人群,为将来的社会生活打下良好的基础。这时,家长需要了解孩子成长的需要,不仅要有爱孩子的感觉,还要有爱孩子的行动,所以爱更像是一种决心。决心就是将爱的感觉付诸行动。比如你心里有一种强烈的想法让孩子获得良好发展的愿望,但当她吵得你休息不好,不能好好上班时,就把孩子交给爷爷奶奶带,那就不是爱孩子,那是爱你自己。因为你受不了孩子的哭声,不去想办法解决问题,也就不能为孩子的成长打下良好的基础。

有一个孩子上幼儿园的过程和小西很像。

第四章 幼儿园那些事儿

女儿上幼儿园本来就很爱哭,但有天晚上临睡前要我抱着她哭一会儿,哭了一会儿,她说她不想去幼儿园,睡着了。第二天早晨醒来情绪很不好,大哭着说不去上幼儿园。我送孩子的时候问老师是不是昨天发生了什么特别的事情,老师说女儿曾被一个小朋友突然撞倒,撞了个四脚朝天,当时女儿吓坏了。这天晚上回到家,女儿就感冒咳嗽了。

又过了几天,听阿姨说,女儿告诉她,小张老师不做他们的主班老师了。我说是吗,那天见到怎么没有听说。女儿刚好在身边,我问女儿:"是吗?"女儿"哇"的一声哭了起来。

之前的一段时间,女儿很依恋小张老师。我直觉感到这回孩子的哭闹和以前不同,是处于恐惧之中的那种哭。小张老师建议我亲自送几天孩子,让小岳老师(现在的主班)接她。

听老师说,女儿的哭是那种只流眼泪不出声的,很压抑的哭。其间又病了一次。孩子正在经历着巨大的痛苦。

后来我和老师沟通过,决定尊重女儿的意见让她休息几天,但到了要上幼儿园的时候,还是哭。看来,女儿内心的不安全感和恐惧感,只留在家里也没有办法修复。

在家休息的时候,女儿还算轻松,但意识到要去幼儿园了,就会在临睡前跟我说,她想休息三天后,再休息三天。我说我只能告诉你休息三天,之后要看情况。她哭起来,但不厉害。

就这样过了很久,我几乎绝望了。

一天我陪女儿到幼儿园,又陪她玩了一会儿,才和她道别,她没有哭。晚上临睡前,女儿还是哭了一会儿。但会边哭边和我说话。我有些焦虑,因为怕吵到家里老人,但我最终决定好好倾听她的哭泣。我相信,她需要时间,她这两天已经很好了。

大约又过了两天,我去接女儿的时候,已经看到她笑了,前一周去

接她时,她看到我都没有笑,她终于可以接受了。

园长答:

我们看到的结果是,孩子在经历了这么艰难的过程后终于适应了幼儿园。

看了园长的答复,温娜觉得自己清楚了很多,她从没有想过爱是一种决心,可能更多的家长有的是爱的感觉,而不是爱的决心。

温娜好不容易能稍稍平和地面对女儿的哭了。谁知,接下来的几天,小西每天都要尿湿一条裤子回来,老师说来不及洗,让温娜回去自己洗洗。听老师这样说温娜很感动,这本来就应该是自己洗的。可孩子这种情况温娜也很担心,本来已经学会上卫生间尿尿的女儿怎么会这样呢?老师说这是小西到了肛门期,让每天多带几条裤子来。

温娜在网上查了肛门期,也叫肛欲期,是弗洛伊德的理论。可孩子为什么一到幼儿园就进入肛欲期了呢,不会是老师用肛欲期来搪塞家长,掩盖孩子由于入园痛苦而造成的大小便失禁吧?

据说人过于痛苦的时候会造成身体感觉器官的紊乱,不再能意识到身体的感受,有了大小便自己也不知道,就会自然地排解到不该排解的地方。温娜听小西每天早晨进幼儿园时撕心裂肺的哭声,觉得孩子内心的痛苦已经造成身体感觉器官的紊乱了。

更令她难过的是,小西不但在幼儿园尿裤子,回来也会尿。小西在家里正玩的时候,也会尿湿裤子,问她是不是尿裤子了,女儿却极力否认,

第四章 幼儿园那些事儿

还面无表情地继续玩耍。

温娜非常困惑，为什么孩子会掩盖自己尿裤子的事实？如果她在尿裤子的时候没有受到成人的训斥和不好的待遇，这么小的孩子怎么可能隐瞒自己尿裤子呢？小西从还是婴儿时就非常敏感，一旦尿湿不舒服了就会哭，给她换完了马上就不哭了。现在都三岁多了，湿湿的裤子浸在屁股上，怎么还能继续玩耍？这一定是有原因的。

李跃儿 贴心话

孩子入园哭是正常的，只要妈妈信任幼儿园，并知道这是一个正常的过程，就能和孩子安全地度过这个时期。如果孩子一哭家长就猜测幼儿园不好，并且像温娜这样去想象孩子在幼儿园里可能受到的不好待遇，就很有可能造成孩子在入园期哭的时间更长更厉害，所以，家长要了解入园期的哭是正常的，和孩子一起度过这个时期，认可孩子的哭，不为孩子的哭而焦虑猜疑。像温娜这样做，对孩子是不利的。

第二节 在幼儿园吃饭的问题

不知是由于心理原因,还是真实情况,温娜觉得孩子一天天地瘦下去,脸上的光泽不见了,胖嘟嘟的脸也开始变小了。每天接小西出来,她都会蹲下来盯着女儿的脸看半天,觉得女儿似乎被饿了一天。

温娜并不是无中生有,因为小西入园这一周来,每天回家都会狼吞虎咽,吃得非常多。这让她怀疑孩子在白天几乎就没吃什么。这样下去,孩子的身体怎么能够受的了?老师肯定不会喂孩子吃饭,而孩子一般吃饭注意力不集中,吃到不饿就不吃了。如果孩子不吃了,成人就以为她吃饱了,不再给她加两口的话,那孩子肯定自己吃不饱。所以温娜在家里拼命地给孩子做一些好吃的。孩子上学以后,温娜就在一些杂志的儿童食谱中寻找各种各样的营养食谱,花时间备好料,等女儿一回来,就变着花样做给她吃。

有一天,小西说:"宝宝不吃幼儿园的饭,妈妈做的饭好吃。"

在小西入幼儿园的第二周,有一天送小西的时候小杨老师告诉温娜:"请你在外面转一下,一会儿我找你。"温娜吓坏了,以为女儿又出了什么状况。

好不容易等到小杨老师出来,小杨老师一见到她就问:"孩子在入园前吃饭是不是都是别人喂的?"

温娜坚决地否认。因为她早知道喂孩子吃饭不好,所以从女儿九个月起,就让她自己抓着吃,只是每顿饭吃完后,再给她喂两口,因为孩子玩心重,如果只靠她自己吃,一般都会吃不饱。

她把这情况告诉老师,希望老师也能这样做。小杨老师一口回绝:"我

第四章 幼儿园那些事儿

们不会这样做的,因为孩子只有自己吃饭才能吸收食物,否则即便是塞进去了,孩子也不会吸收。"

温娜想,这么说来那些瘫痪在床的人,喂进去的饭都不会吸收,不都饿死了?大多数家里的爷爷奶奶追着喂饭的那些孩子不也长得很壮实吗?如果按老师的说法,那些孩子早营养不良了。

想归想,温娜终归是没有说出来。喂饭那么花时间,老师们当然拒绝喂饭,总不能要求老师们像妈妈一样关心孩子吧?

小杨老师给温娜说:"我找你不是为了孩子吃饭喂不喂的问题,是我想了解一下你做饭是不是特别好吃,你们家的伙食是不是特别丰富,因为小西昨天中午拒绝吃饭,坐在餐桌边一直把两只手夹在腿中间呆坐着,不吃饭。老师问她为什么不吃饭时,她的样子很可怜,但是不回答。没有办法,老师只好告诉她,小西,你是不想吃饭吗?她点点头,老师问,你不饿吗?她又点点头。老师没有办法了,给她盛了一点饭和菜,告诉她必须得吃一点。她很艰难地吃了两口,然后又坐在那里。后来老师问她为什么不吃饭,她说饭不好吃。到下午睡觉起来,可能是太饿了,她就使劲地吃水果,一下午情绪都不好。"

温娜心里在打着鼓,她怎么也没想到,家里吃得太好,会拔高小西的口味,觉得幼儿园的饭不好吃。但是幼儿园为什么就不能尽心一点,做出像自己做的那样好吃的饭菜呢?看来这个幼儿园还有很多做得不到位的地方。

也许感觉到了她的疑问,小杨老师说:"有很多孩子家长并不了解他们的教育,只是听说这个幼儿园吃得好,才把孩子送到这里来。"小杨老师又补了一句,"我们是幼儿园不是餐厅,给孩子的营养搭配一定是够的,但不会像厨艺好的妈妈做那样多的花样,又好看,又好吃,毕竟是二十多个孩子的饭。"

温娜也觉得自己是不是太苛刻了,只好说:"好,我们注意。"但是她想起女儿就心痛得不行,每天上学那么多次尿湿裤子,又吃不上饭,这孩子还能坚持几天?

我们无法教育一个三岁的孩子到幼儿园不要挑食,在大多数情况下,旁人的劝说无法改变一个人的癖好和习惯,何况一个三岁的孩子。如果想让宝宝长大以后面对比较差的生存环境也能很快适应,就要让孩子从小发现精神享受的乐趣,而不是将孩子的注意力过多地引向对物质的享受。因为精神的享受是可控的,其感觉来自孩子自己的定位,是否感到愉悦也主要来自非物质因素。如果孩子更在意探索带来的乐趣,对某种事情特别有兴趣,并享受其中,那么这个孩子的精神世界也会由此丰富起来。如果家庭的兴趣点也放在这些方面,孩子也会将注意力放在这些方面。如果家长对美食特别感兴趣,可以试试让美食的制作变成与孩子分享的工作,如烤面包,孩子一开始接触的是干面粉,干面粉的触觉给大脑的刺激促使孩子的神经元连接并去感知它,当在干面粉中加入水之后,面粉很快变成另一种形态,提供给手的触感也与刚才的干面粉很不相同,这时来自手部的触感和眼睛的视觉就开始统合,大脑开始运算这件事的发生过程和它的逻辑关系,于是大脑工作之后能力就会增加。而这是人类在六岁之后十五年学习生活的基础。由此我们看到人类的大脑工作能力在起初的时候,不是靠单纯使用大脑锻炼出来的。

当干面粉被逐步加入了水和别的元素后,面粉逐步变成完全不同的东西,并且具有了不同的意义后,人的行为意义就会被孩子学习到。

对食物材料的使用同样能带给孩子丰富的感官刺激和解决问题的能

第四章  幼儿园那些事儿

力等基础能力成长，美食的制作同样能使孩子实现自己的想法并获得自信。如果孩子没有参与食物的制作只是享受食物的美味，就会把注意力只放在对口味的要求上，无法体会制作食物过程中的乐趣，还容易使孩子对别人做的食物无法接受。家长享受美食制作并满足家人的口味没有错，但如果把它当成一个构建孩子自信的机会将更有意义。

第三节 孩子为什么不愿意上幼儿园

小杨老师走了以后,温娜突然想起,她可以到有大沙坑的大幼儿园去咨询一下,假装自己的孩子要入园,了解他们是如何照顾新入园的孩子的。自己的女儿不在那所幼儿园,如果自己能去看一看那所幼儿园里的孩子一天是怎样度过的,孩子是否快乐,自己就更能了解幼儿园的生活。如果这所小幼儿园跟那所是一样的,就可以再待一段时间,如果不一样,孩子去上那所大幼儿园也不迟。

这所幼儿园有专门负责对外咨询的部门,老师热情地接待了温娜。幼儿园有专门供来访人员谈话的场所,布置得很温馨。坐下来后,温娜问负责咨询的老师:"我不知道你们这所幼儿园是怎样照顾刚入园的新宝宝的,我朋友的孩子在一所小幼儿园……"

温娜将女儿在那所小幼儿园经历的事情一一叙述了一遍,看看这所大幼儿园是怎样回答的,她觉得有比较才有鉴别。

温娜问:"宝宝第一天入园时没怎么哭,为什么上了一天反而哭得凶了?"

老师说:"这种情况是很正常的,因为宝宝在家里一直跟家人在一起,家庭环境和家里的人成为宝宝生活的所有内容,我们从儿童心理学上讲,就是宝宝已经同化了家庭。自己家的环境成了她的自然环境。虽然家里人也经常带宝宝到陌生的环境中去,但那时有家人跟孩子在一起,家人成为宝宝的心理支持,也叫安全参照点。就是宝宝只要知道有家人和自己在一起,无论什么样的陌生环境,孩子的感觉都是安全的。但宝宝上了幼儿园

第四章 幼儿园那些事儿

就离开了这种安全环境,她被放在一个相对陌生的环境和陌生的人中间,从来没有这么多陌生的大人和孩子长时间跟她在一起,包括吃饭睡觉,家人也没有这么长时间地离开过宝宝。在这种情况下,宝宝不确定自己是不是被家人抛弃了,所以就会特别恐惧,特别忧伤。"

温娜觉得这个老师的解释很有说服力,她接着又问:"那为什么她第二天会哭得比第一天厉害?"

老师说:"因为第一天她没有经验,以为还像以前一样家人会跟她在一起,妈妈是暂时离开。但有了第一天在幼儿园的生活经历之后,她发现跟以前的任何情况都不同,而且老师对她的照顾方式也和家人不一样,小朋友也没有一个是认识的,宝宝就有了第一天在幼儿园的不愉快经验,于是第二天就会坚决拒绝去幼儿园。"

温娜说:"朋友家宝宝上的幼儿园跟你们的幼儿园理念也很接近,应该也是会使孩子们快乐的一个幼儿园,为什么宝宝上了一天幼儿园会留下痛苦的经验呢?"

这位老师回答说:"不要说宝宝,就是成人,从一种已经熟悉的生活进入另外一种不熟悉的生活时,内心都会惶恐不安。在还没有适应新的生活的时候,人们普遍比较注意那些不好的,令自己不舒服的事情的感受。所以,初期的体验一定是不愉快的多,愉快的少。等宝宝开始适应幼儿园了,就会逐渐地去感觉那些令她愉快的事情,慢慢地不愉快的感觉就会少,愉快的就会多,那个时候,宝宝就适应幼儿园了。"

温娜想想这位老师说得有道理,现在她理解了为什么自己的宝宝第一天不哭,第二天哭得那么凶,应该不是幼儿园可怕,而是孩子适应过程中的自然现象。

温娜又问:"那位朋友说他们宝宝在那所幼儿园里从早到晚都在哭,而老师又那么忙,在宝宝新入园的时候,怎么照顾新入园的宝宝呢?"

这位老师说:"这得看具体情况,刚入园的孩子老师当然得多照顾一些,在我们的幼儿园,有新孩子入园的时候,老师要调整工作,专门有一个老师负责照顾新来的宝宝,但这个老师不是一直照顾这个宝宝,是以一位老师为主,其他老师为辅。"

温娜问:"宝宝刚离开妈妈来幼儿园,如果有一位老师持续照顾,宝宝容易对这个老师产生依恋,这样更加容易度过入园的痛苦时期,要是多位老师照顾,宝宝不知道该依恋哪一个老师,对这么小的孩子来说,是不是又是一个难题?"

咨询老师笑了一下,显然要集聚一下足够的耐心才能回答这个问题,但温娜暗暗地下决心,为了女儿,一定要把自己的疑虑都搞清楚。

咨询老师说:"以一个老师为主,其他老师为辅,不是一会儿换一个老师,负责照顾宝宝的老师要关注到孩子所有的困难和吃喝拉撒睡,以及刚入园以后生活能力方面的学习,我们叫作日常生活训练。在宝宝出现情况的时候,像流鼻涕、尿裤子、吃饭时需要特殊照顾等,其他老师也可以协助照顾新来的宝宝。如果一个孩子入园期所有的事情都由一个老师照顾,宝宝会很快依附于那个照顾他的老师,对宝宝入园期的焦虑确实有缓解作用,但同时也会带来不利影响。比如,宝宝会把专门照顾他的老师当成第二个替代妈妈,在入园期结束之后,仍然只要那个曾经依附过的老师,不愿意接纳别的老师。更糟糕的是,宝宝会在那个老师担负自己的工作并照顾其他孩子时,感觉到被忽视而产生嫉妒心理等不良情绪,这种情绪会保持很久,而且很难消除。除非把宝宝和这个老师分开,宝宝才不会受到进

第四章 幼儿园那些事儿

一步的伤害。如果一旦造成这种局面,宝宝断了一次妈妈,还得再断一次老师。"

说到这儿,温娜觉得自己听明白了。她又接着问:"据说他们家的宝宝在入园前就已经会上卫生间,不尿裤子了,为什么上了幼儿园后,反而又开始尿裤子?"

老师说:"这也是正常现象,宝宝在两岁多到三岁多的时候有个肛欲期,到了这个时候,宝宝会练习有意识地憋住大小便,不像以前那样,有了就尿,没有就不尿。在做了大小便练习之后,宝宝有了便意以后会憋到自己想要解的时候再解,这样才能慢慢地练习到自由地控制自己的大小便。孩子刚刚开始这种练习的时候,会突然尿裤子,拉裤裆,因为他们还不熟练,在练习的时候出现失误是正常的。"

温娜说:"肛欲期我是知道的,为什么宝宝上了幼儿园之后才开始肛欲期,是不是孩子由于痛苦的原因大小便失禁呢?"

咨询老师微笑着说:"应该不是痛苦得大小便失禁。每个孩子情况不一样,这种情况大多数是由于到了一个新环境,上厕所对孩子来说成为一件很重要很特别的事情。以前在家里孩子没有遇到有了大小便怎么解决的困难,所以没有专门憋过,但到了新环境后,孩子有了大小便不能再像在家里那样,到熟悉的地方以熟悉的方式去解决了,所以大小便成了一件困难的事情,孩子就开始控制大小便。这样,入园就引发了肛欲期现象。"

老师加了一句:"按照人类发展的原理,出现这种现象是一种进步的标志。"

温娜在心里感叹着,如果没有人讲,大多数人会把重新尿裤子当成是退步的现象。

话说到这里，温娜有点不好意思再往下问，因为她所担心的问题，在这位老师嘴里都成了正常现象，看来自己是多虑了。自己的宝宝没在这个幼儿园，老师不会为了掩盖自己或者隐藏幼儿园的不足而欺骗她，而且老师说得有理有据。

但温娜心中的疑虑并未完全消除，她接着问："对不起！我还有两个问题想帮朋友问一下，孩子流鼻涕在你们幼儿园能够得到老师及时的关注吗？"

咨询老师没有听懂，认真地看着她说："你是说孩子鼻涕流出来了，老师看到了不擦，还是老师根本就没有看到？"

温娜也被问住了，只好说："我也不了解具体情况，只听朋友说，孩子的鼻涕经常吊在嘴唇上，有时候孩子会下意识地去舔，也没见老师及时来给孩子擦掉。"

咨询老师笑着说："噢，是这样。不知道你朋友家孩子上的是哪家幼儿园。在我们这里，孩子刚入园的时候，老师会及时替他们擦掉鼻涕，但有时候孩子鼻涕流出来了，老师没有看到，就没办法及时擦。如果家长身处这样的环境，出于对孩子的担心，也是因为父母的眼睛只盯着自己的孩子，所以会很容易注意到那些情况，如，鼻涕流出来了、裤子尿湿了等。但老师很可能在这个时候，关注着前后左右好几个孩子，哪个孩子的工作需要引领，哪个孩子出现了不当的行为，以及怎么恰当地解决这些问题。还有，我们认为一个孩子生活中遇到困难的时候，如果成人没有第一时间替他解决，他就会想办法自己来解决，孩子的能力就是这样成长起来的。在我们幼儿园，孩子刚入园的时候，我们老师会教他们怎么做，到什么地方拿纸，擦完了以后，用完的纸扔在哪里。过了入园期的孩子，有时候鼻

第四章 幼儿园那些事儿

涕出来了，老师会故意不替他们擦，让他们有机会自己解决自己的问题。人类只有能自己解决自己的问题了，才能真正获得身心的自由。"

温娜说："再问最后一个问题，朋友说她去接孩子的时候，明明她已经在教室的外间了，这时她的孩子哭了，老师却把孩子揽在怀里，安慰了一会儿，才让孩子下地找妈妈。朋友不明白，为什么这位老师不让孩子第一时间去找妈妈？"

咨询老师又笑笑说："这还真是一个比较特别的问题，每个老师应该都有自己的想法，可能有的老师会直接让孩子去找妈妈，有的老师会把孩子领过来，送到妈妈的手里，你说的这位老师，应该有她自己的想法。据我理解，有可能是她觉得一天结束了，孩子要离开幼儿园了，在见到妈妈之前，老师先抱一抱她，跟她建立一个情感关系，这样孩子去找妈妈的时候，就带着对老师的信任和老师给她的温情去找妈妈，明天孩子再来幼儿园的时候，内心中就会留存着昨天那个对她温情过的老师的影子，所以就不会感觉到太无助。不知道我理解得对不对。"

无论咨询老师讲得对不对，如果这样理解，温娜是可以接受的。

咨询老师又接着说："你朋友孩子上的幼儿园的老师应该是一个很有想法的老师，而且据我们的经验，孩子只要送去了，如果没有发现老师对孩子不好的行为和做法，没有发现教育理念中确实让家长不接受的内容，家长最好尽可能地放松自己，这样孩子才有可能更好地适应。"

这场谈话结束之后，温娜觉得自己心里的一个疙瘩解开了，她真正有信心让孩子在那个小幼儿园了。

李跃儿 贴心话

　　适应是由人类的生物性所决定的，既然是生物性，就很难发生如化学反应般快速的结果，所以适应是需要过程的。家长要能感受到孩子的痛苦并理解这种痛苦，接纳孩子逃避痛苦的行为和表达忧伤的情绪，不要因为孩子的痛苦而痛苦，因为孩子的忧伤而忧伤，最后做出把孩子带离他要适应环境的决定，这么做对孩子是不利的。家长必须把自己和孩子的心理感受分开，让孩子形成处理自己情绪的能力。这样，孩子在经历了痛苦之后才能获得成长。

第四章 幼儿园那些事儿

第四节 孩子上幼儿园为什么总生病

温娜心情放松地过了几天,直到有一天老师打来电话,让她到幼儿园把小西接回去,说小西好像不舒服,有点发烧。

这个小幼儿园是没有校医的,所以孩子稍不舒服,老师就让家长把孩子接回家来。温娜赶紧到幼儿园把孩子接出来,摸摸脑门也并不是很烫,但看上去一点精神也没有,她赶紧把女儿带回家。

回到家里,女儿的脸已经烧得通红,看着女儿蔫蔫的样子,温娜很心疼。她赶快找来体温计给女儿量体温,三十九度五,她决定送孩子到医院去。到了医院,又是采血,又是化验,医生诊断为病毒性感冒,但是最近并没有流行病毒性感冒,孩子怎么会感染了病毒呢?

医生给孩子开了一点退烧的肛门栓之类的药,问要不要打点滴。她不想把那么多的药弄进女儿的身体里,就带女儿先回家,用家里的冰袋给女儿进行物理降温。

这一夜,女儿烧得迷迷糊糊,小鼻子呼扇着。温娜和老公几乎一夜没睡,温娜觉得这一夜太漫长了。

第二天一早,女儿烧还没有退,温娜赶紧带着孩子到离家最近的一家医院打点滴。但是一瓶药快滴完了,女儿仍然高烧不退,温娜急得哭起来,决定跟老公带着女儿一起到儿童医院看看。

到了儿童医院,他们挂了专家门诊。医生说孩子可能是最近身体不好,抵抗力下降,所以略微有病毒就会被感染,需要再打几天点滴。既然两边的医生说的都一样,温娜就回到家门口的医院,继续输液。

宝宝入园那些事儿

三天后小西才渐渐好转。看着女儿蜡黄的脸，温娜心疼极了，这么小的孩子，为什么不能在家里跟妈妈一起过一种平静的生活，非要经历这种分离的痛苦？她觉得自己没有信心等到孩子真的适应幼儿园，能在幼儿园大口吃饭，每天阳光灿烂的那一天，不知道那些大孩子都是怎么熬过来的。

在小西生病的几天里，老师每天都会打电话来问孩子的情况，并且告诉她孩子有病时不要娇惯，等孩子病好了一定要继续送幼儿园，以免孩子还要重新适应。温娜觉得老师说得也有道理，自己可能是有点小题大做了，哪个孩子不生病呢？于是等小西身体好一点不发烧了，她就送小西去上幼儿园。但是小西却哭着不去，她做了很多工作才好不容易把女儿抱到车上。到了幼儿园门口，女儿又像刚去幼儿园那天一样大哭，但温娜想起老师的话，不想让她重新再去适应幼儿园，她还是坚持让老师带女儿进去了。

过了几天，温娜发现小西晚上回来不断地咳嗽、流鼻涕。她想孩子也许就是受了点凉，应该没什么大事，第二天给孩子带了点止咳药，还是把孩子送去了。到了中午，老师给温娜打来电话，说孩子又发起了高烧，让她赶快来接。半个月的时间病了两次，温娜心里不是滋味，但她还是心存侥幸，想让孩子用身体的抵抗力来控制病毒。最终，小西的这次发烧演变成肺炎，在医院里住了两周。

温娜觉得对不起老公，对不起孩子，这都是由于自己一意孤行，给孩子带来这么大的痛苦。老公看着她瘦下去的脸，安慰她说："谁都没养过孩子，我们不也是才学吗，谁让孩子遇到我们俩，都没有经验，连小孩子都没抱过，如果咱养个老二，你就成为高手了。"

女儿一连两次生病，让温娜觉得，先要保证孩子的身体没有问题，才能谈到教育的问题。所以对于老师坚持送的说法，每次都是嘴里答应，心

第四章 幼儿园那些事儿

里却想着一定要让孩子在家里养好了，再去幼儿园，如果实在不行就不送了，等长大一点再说。平静下来，温娜也有点想不通，别人家的孩子为什么两岁多就送幼儿园，好好地长到了六岁毕业，自己的孩子已经三岁多了，难道真的就不能适应幼儿园吗？

这天，小杨老师来看小西了，小西正好睡着了。温娜觉得这是一个与杨老师深入沟通的机会。几句闲话后，温娜问杨老师："是不是所有的孩子都会像小西这样，在入园的时候经常生病？"

出乎温娜的意料，小杨老师肯定地点着头说："绝大多数都是这样。"

温娜说："那是为什么呢？"

小杨老师说："原因很多，首先是孩子在入园期跟母亲分离后的痛苦，造成他们心情不好，心情不好就容易得病；其次在适应幼儿园的过程中，由于吃饭吃得不好，睡觉也睡得不好，孩子的抵抗力就开始下降，也容易使孩子生病。还有就是孩子在家里时一个大人照顾一个孩子，有的妈妈不太懂得养育孩子要让孩子成长起自然的抵抗能力，所以过于讲卫生，照顾得过于精细，孩子进入幼儿园之后，幼儿园的环境跟家里不一样，也没有那么精细，卫生方面也不像家里那么单一，孩子的抵抗力不足以抵御幼儿园的环境，所以孩子也会生病。"

温娜听了心里不太舒服，一个幼儿园都不能保证干净，而让细菌感染孩子使孩子生病，那怎么办幼儿园。

但温娜嘴上却客气地说："幼儿园的卫生不是按国家卫生防疫站的要求吗？据说那个标准是很高的。"

小杨老师也听出温娜话里的意思，但她仍然慢条斯理地说："我们是按卫生防疫站的要求标准做的，即使是这样，也达不到家长要求的标准。

我们就这样说吧,其实你的孩子在家里时,你自己带她,她没有得那么多的病,并不等于你孩子身体好,因为那不是你孩子自身抵抗力使她不得病,而是外在的保护使她不得病,这不是真正的健康。如果一个人只为了不得病活着,那生活在真空的环境里是最好的了。我们人有内在的自然抵抗能力,这个抵抗能力必须经过练习才能够发展起来。在自然的环境下,也能够抵御来自各种情况的病毒和细菌,才叫作有抵抗力。只有这样成长起来的抵抗力才能使孩子在自然环境下生活,这是一个很简单的道理。"

温娜至此已经有点折服于小杨老师,这个女孩年纪不大,但对教育理论了解真不少,就这一点来说,应该是个热爱教育、喜欢孩子的老师。抵抗力的问题和生病的问题她虽然还是有些不放心,但也找不到更多的问题要问了。最后她说:"孩子入园期经常生病的这种状态要持续多久?"

小杨老师告诉她:"如果入园前家里保护得很好,时间就长,一般来说,要持续半年左右。"温娜算算,按照这种得病频率,每周一次,半年一共二十四次。她用开玩笑的口吻对老师说:"那就是说,小西要得二十四次病。"老师笑了:"也不能那样说,只是半年内会得病多一些,大体情况是头几个月比较密集,后几个月频率会低些。"说完这些,小杨老师又摸了一下温娜的上臂,说:"你要有信心哦。"其实老师拐着弯又批评了她一顿,意思是孩子的病还是家长的问题。

自此,虽然去那所大幼儿园咨询过以后,明白了很多问题,但她还是觉得有点不忿,孩子的所有问题不是家长的问题就是孩子自身的问题,幼儿园没有需要改善的地方吗?

这些话温娜无法说出口,只好跟小杨老师闲扯了一些其他事情。小杨老师抱了抱温娜说:"加油啊,辛苦了。"被小杨老师这样一抱,温娜莫

第四章　幼儿园那些事儿

名其妙地很想流眼泪,真的觉得自己好辛苦,坚强的防线差一点崩溃。

　　随着小西身体的好转,温娜渐渐地不那么焦虑了。她又参加了几次园里组织的家长答疑会,发现很多家长存在和自己同样的问题。原来每个孩子都要经历同样的过程,只是程度不同罢了。她也告诫自己一定要调整好心态,自己曾有的经历并不等于是孩子的经历。一定要多学习,多看看别人的体验和经历。两个多月过去了,有一天周六女儿起床,在家里玩了一会儿之后,跟温娜说:"妈妈,我想去幼儿园。"听到孩子这么说,温娜真是觉得像有阳光从厚厚的云层里射出来一样美妙,心里别提有多开心了,看来,孩子入园的适应期终于过去了。

李跃儿贴心话

　　这一节所写的小幼儿园和大幼儿园,都是以芭学园为原型的,读者看完了这一段千万不要对号入座。那个小幼儿园是芭学园创办初期家庭幼儿园的状态,大幼儿园是以现在的芭学园为蓝本的。如果在孩子入园期间,家长出现了主人公温娜这样的状态,像温娜这样做是比较合适的。最不可取的是,家长长久地压抑自己心里的不愉快,或者一有机会就将自己的情绪发泄给老师和园方。这样会破坏老师对家长的看法,并且开始为孩子的状态担心,也消耗老师的心力,使老师将一部分力量拿出来安抚家长,不能把所有的力量都用在对你孩子的帮助上。

第五节 在幼儿园被打

经历了几年全职妈妈的生活，温娜觉得自己完全脱离了社会，也失去了自我。

小西适应了幼儿园，有了自己的群体和生活，老公也有自己的事情可做，有自己的朋友圈子，温娜觉得也应该再找回自己的爱好。她想象着自己应该有一块美丽的、可供自己永久耕耘的精神田园，慢慢品味享受。

温娜想先休息一下，也不急着去工作，于是先报了一个瑜伽班，学了自己从小就想学的古琴。日子被她安排得满当当的，周一收拾屋子大扫除，周二购物，周三瑜伽，周四学琴，周五为女儿和老公准备一顿丰盛的晚餐，其余的时间就去钻研各种教育理论，读很多心灵成长的书，准备过一段时间再去参加一个心灵工作坊。她很向往心理咨询师之类的工作，不想再做以前那种硬邦邦的像机器一样的公司管理工作。回想起生孩子之前让她得意的那份工作，她都觉得不可思议，就像一只蚂蚁一样不停地劳作，她都不知道自己怎么干了那么多年，而且干得那么起劲，如果现在再回到以前的单位她肯定受不了。

有了这份生活的计划，每天看着外面的阳光，她觉得这个世界真的很美好，阳光照耀着大地，路边繁花似锦，不愁吃，不愁穿，女儿也没有问题了，这就是幸福吧。

但没多久，小西在幼儿园又遇到麻烦了，又让温娜陷入烦恼之中。

这天，温娜高高兴兴地像平常一样去接小西，老师陪着小西一起出来，很抱歉地对温娜说："对不起，今天小西的脸被另外一个宝宝抓了。"

第四章 幼儿园那些事儿

　　她赶快蹲下去捧起小西的脸，脸的右边被抓了大约有两厘米的一道，掉了皮，还有些血痕。温娜很心疼，将来会不会留下疤痕，一个女孩子一张白白净净的小脸留下一块疤，那是多么遗憾的事情。

　　老师非常肯定地告诉她："半年后就看不出来了。"疤痕已经有了，温娜不想难为老师，虽然心里生气，但是觉得老师工作一天那么累，有个小的闪失是可以说得过去的。

　　第二天，温娜照常去接宝宝时，发现宝宝的鼻子上又被抓了一道，她心里非常不舒服，这时主班老师以及当时和孩子在一起的老师都出来给她道歉。

　　她有点没好气，说了声："不会再受伤了吧。"老师坚决地说："不会了，不会了。"晚上老公回来，看到女儿鼻子上顶着那块伤，当时脸色就变了，突然对着孩子就大发雷霆："怎么搞的，怎么又弄成这样？"小西吓得看着爸爸不说话，眼泪在眼圈中打转。老公一边发着火，一边换鞋，要去找幼儿园的老师说理。温娜拉住了他，说："你这样会让孩子觉得自己干了坏事，如果非要去，也得等孩子都离园了再去。"老公不听，甩开她的手，夺门而出。

　　温娜没办法，赶紧抱起孩子跟在老公后面，看着老公冲进幼儿园，温娜带着孩子在外面等着。等他冲出来，一起往回走，老公一路发着火，嘴里说着幼儿园太不像话、太不负责任之类的话。

　　小西显然被吓坏了，不知道出了什么事情，显得非常乖巧听话，不断地抬眼看着爸爸妈妈。

　　之后的几天，小西身上不再有伤痕，但是有一天早晨，小西突然说不去幼儿园了。温娜纳闷，这去得好好的，怎么突然不去了，发生了什么事

情呢?

她压住火气,对女儿说:"不去就不去吧,今天在家里待一天。"她给老师打电话说:"今天带小西去奶奶家有事。"第二天,小西还是不去幼儿园。温娜跟女儿商量,再休一天,第二天一定要去,小西答应了。这天她们在公园里跑,在儿童游乐场玩了整整一天。女儿似乎很久没有这么开心过了。到了第二天要上幼儿园,小西又变卦了,还是不去幼儿园。温娜认为跟孩子应该说话算数,她就跟小西说:"我们说好要去的,必须得去。"小西开始大哭,温娜觉得需要坚持原则,她把女儿拖上车,向幼儿园开去。小西一路上一直哭着,到了幼儿园大门口,用小手紧紧抱着她的腿不放。老师来了,把手放在孩子胳膊底下说:"让妈妈走,我们进教室里去。"小西不看老师,还是大哭。这时温娜抓着女儿的手说:"妈妈早点来接你,但你必须上幼儿园。"这时小杨老师把小西拉过去,让孩子趴在她肩上哭。温娜百思不得其解,为什么小西经过四个月的时间,反而倒退到刚入园时的状态,肯定是出了什么问题。

是不是老公给老师的压力太大,老师为了让孩子不受伤,把自己的孩子跟其他的孩子隔离了呢?如果那样,孩子一天肯定特别难过,于是就不想再去幼儿园了。

想到这里,温娜突然心跳加速,立刻想冲到幼儿园去问个究竟。可是前几天老公刚去发泄了一通,自己再去质问老师,会给老师留下什么印象?自己的孩子还在那里,跟老师搞不好关系,也不是什么好事。

回到家里,她约小杨老师中午聊聊,小杨老师答应让她十一点半过去。到了十一点半,小杨老师出来,她们在小区找到一个长凳坐在那里。

小杨老师跟她说:"实在对不起,前段时间园里转来一个孩子,有抓

第四章 幼儿园那些事儿

人的毛病，因为喜欢小西，所以每天盯着小西抓，后来把他们分开了，那个孩子的问题也解决了，不再对其他孩子有威胁了。"

这个说法证实了她的猜想，但她不好意思把自己的猜想说出来，在她的脑子里，其他孩子在热闹地玩耍，而小西一个人孤零零地被隔离在一个屋子，否则不足以说明孩子为什么在早晨上幼儿园的时候哭成那样。

她压着火，用尽量客气平和的声音问小杨老师："你们在隔离孩子的时候，是不是把小西一个人单独放在一个教室里，不和其他孩子在一起？"

小杨老师笑了，说："怎么会那样。"

温娜问："那你说的隔离是怎么回事？"

小杨老师说："就是把两个容易打架的孩子隔开，吸引到不同的群体中工作。"

温娜这时才发现自己真的误会了。

这时她又来了问题："那个打人的孩子跟别的孩子在一起不抓别的孩子吗？只抓小西吗？"

小杨老师笑着说："抓了好几个孩子，我们很抱歉，蒙蒙被抓了，祥祥被抓了，琪琪也被抓了，那两天我们被搞得焦头烂额。"

温娜听到这，气又不打一处来："你们这么小的一个幼儿园，这种有暴力行为的孩子，明知道会给其他孩子带来伤害，为什么还要收他进来？"

小杨老师说："我们也没有办法，因为这个家长多次请求，央求了很久，他也是为了解决这个问题才非要送到我们幼儿园来的。"

这时温娜再也控制不住自己的愤怒，生气地说："难道他们的孩子要解决问题，我们的孩子就要当成陪练对象吗？我们是一个女孩，脸上被抓得一道道的，还有一道顶在鼻子上，领着出去都不好意思。人家都知道我

们费了很大周折才把孩子送到这里,一见我们的孩子这样就会问:'你的孩子怎么了?'我们都没法说是在幼儿园被别的孩子抓的,只好说是自己不小心碰的。"

小杨老师赔着不是:"实在对不起,给你们带来这么大的困扰,我们以后会小心的。"

听小杨老师这么说,温娜稍微平静了一些,但是毕竟伤在自己孩子脸上,自己厉害一点也许将来老师们就不会把对其他有危险的孩子收进班里来了。

温娜又问老师:"小西不想来幼儿园,是不是由于害怕那个孩子抓她?这种恐惧会不会给小西留下心理阴影?"

小杨老师说:"据我所知,她不愿意上幼儿园,应该不是因为那个小孩抓了她,可能是因为小西想象力还没有成长起来,在跟其他小朋友玩耍的时候,其他小朋友会利用想象去玩,比如一个孩子当妈妈,一个孩子当爸爸,他们要去买菜,要做饭,要照顾他们的小动物。小西好像没办法加入这样的游戏中来,她不能被当作这些团体内的任何一个角色与其他孩子合作玩耍,她也不会通过想象使用那些玩具,比如有的孩子把老师织的毛线条当面条去煮,有的孩子绑在头上当发带,有的当项链,小西却不会做,她在别的孩子玩的时候就感觉比较无聊。所以我们想请你配合,在家里多增加一些生活的内容,周末带孩子到有丰富生活内容的地方去,比如到农家院去看动物,看看农民是怎样生活的。"

温娜为难了,这么大的城市找到农民真不容易,抬眼望去,一望无际的小区,人们的生活都差不多,上班,下班,买菜,早晨有老太太跳健身舞,晚上很多人遛狗。

第四章 幼儿园那些事儿

　　这所小幼儿园提供给孩子玩耍的玩具，是从一个著名教育理念中模仿来的。有一些布做的简单的娃娃，放在筐子里，盖着小被子；有十几个用木头做的动物；还有一些木头段。当初温娜看着这些玩具，真的想不出可以怎样玩。如果孩子在几天之内拿着这些玩具摆来弄去，可能还有点意思。如果在几年之内，将近上千天的时间里，只摆弄这些玩具，肯定会感觉到无聊和厌烦。

　　温娜看了儿童心理学，了解到儿童具有习惯化特征，如果对一件事物太过于熟悉了，并且长期与一些事物在一起，就会对这些事物有习惯化反应，再也不注意它们了。如果这个时候没有新的内容可供儿童探索，儿童就会感觉到无聊。发展心理学上讲，习惯化正是人类发展的基质。正是由于习惯化的原因，才使儿童不断地探索新事物新领域，促使儿童获得发展。

　　温娜给小杨老师提出质疑："是不是由于玩具太少了，而幼儿园提供的玩具，跟孩子的生活经验又不匹配，孩子无法使用它们？"

　　小杨老师笑了："我们这种教育是很先进的一种教育，我们为孩子提供很少的玩具，促使孩子产生很多的想象。"

　　很少的玩具，很多的想象，听上去蛮有道理的，但是玩具少真的能促使孩子产生想象吗？据温娜这段时间学习所获得的知识，她知道其实儿童的想象跟成人的想象不一样，儿童的想象只是用来解释自己尚未了解的世界的，并不是用来作为创造的基础，也不是一种修炼成的思维形式。对于两三岁的孩子来说，对真实世界的探索和对真实世界的认识可能更加重要。在有了经验和个人知识之后，自然出现的想象，可能对人类更加有意义。如果为了想象而想象甚至把想象放在儿童发展最重要的唯一的位置，恐怕是有问题的。

回去以后，温娜做了大量的工作，查阅了大量的这个幼儿园所说的那种教育的资料。

在一本书里她查到，很少的玩具，很多的想象，来源于台湾一个老师写的一本书，说的是有一对夫妻因为忙于生计，无暇照顾孩子，几个孩子被放在家里，每天自己想办法玩耍。后来这对夫妇发现，他们的孩子拿着谷仓里的一些简单的物品在玩耍，他们的玩耍充满了创造性和令成人羡慕的想象。比如他们用一个弯弯曲曲的木棍当小河，用另外一块弯曲的树皮当桥梁，用一个小盒子蒙了一块旧布当电话。从此这些孩子不再打架，每天沉醉于他们所创作的游戏中，一玩就是几个小时。一段时间之后，孩子变得非常温顺，他们在晚上吃饭的时候还在讨论他们的游戏。做小学老师的父亲发现，他们的孩子实际上在创作一部文学作品。

自己的孩子为什么不能这样玩耍呢？为什么老师说，自己的家庭生活与孩子幼儿园提供的玩具不匹配，需要自己丰富家庭生活？

温娜非常迷茫，难道所有的教育都要促使受教育的家庭去改变家庭生活方式吗？如果为了配合幼儿园的玩具，最好温娜和老公选择去当农民，住在乡村，那样他们孩子的生活中就有了真实的动物、真实的家畜、真实的农民生活、真实的小河桥梁，还需要在教育里用那些假装的东西代替吗？

温娜不知道到哪里能够解决自己的疑惑，书里也找不到答案。找过几次小杨老师，最终还是没弄明白。

这时，幼儿园有一批孩子要离开幼儿园去上小学了，有些妈妈非常发愁，因为其他幼儿园的孩子三岁就开始学习写字、认字，到上小学时拼音已经不成问题了，有的孩子上小学能认识上千个字了。在刚进入小学的时候，老师的讲课进度是很快的，尤其是拼音，这里的孩子怎么能跟得上？

第四章  幼儿园那些事儿

所以这群家长非常焦虑,他们准备硬着头皮再去选择跟这所小幼儿园教育理念相近的小学,但这样的小学非常难找。

上小学的问题温娜还不是很着急,她的当务之急是想了解一下女儿为什么不愿意去幼儿园,她又开始上网浏览这方面的内容。

温娜发现网上妈妈们的关注点还只是孩子的身体是否获得很好的照顾,吃得多不多,睡得好不好,他们大多数还没有涉猎关于儿童发展和儿童成长的问题。而温娜觉得,对于孩子来说,身心不受到伤害的环境,才是成人应该为孩子提供的最基本的生存条件。孩子有无限的可能性,成人不能在他们童年的时候就把他们降格到能够活着这样的档次。温娜需要自己的孩子将来成为一个为自己而自豪的人,而不仅仅是活着。

小西上的幼儿园,目前已经能使温娜不再考虑孩子身体安全的问题,这不等于温娜就此可以不再考虑孩子的发展问题。孩子将来要活在这个世界上,要跟大多数人在一起,要为身边的人服务,才能获得生存机会。所以孩子将来必须成为一个在人群中能感受和了解他人的成人,那就得从现在起为孩子奠定一个良好的人格基础,孩子就有能力在任何时候学会服务于社会的技术和能力。当然最重要的是在获得这一切之后,孩子应该自己感觉到活在这个世界上很有价值,很有意义。

温娜不想使女儿一生为消除内心的痛苦而拼搏,她觉得自己已经超越了只关注孩子身体健康的层次,她开始想办法与小西幼儿园的负责老师沟通。

有一天,她约小杨老师出来,还是坐在小区的公共活动区的长凳上,她对小杨老师说:"我觉得咱们园的玩具有点少。"她想说的是,不但玩具的数量少,更重要的是玩具的类型少,孩子接触的自然领域太单一。

温娜从这几年的学习中认识到,在进化过程中,人类早已将很多生活所应具备的能力作为基因信息,一代一代遗传下来,比如对数学的能力、对数字的敏感、不断思考的能力以及早年要建立起来的丰富的心智模式等,而且人类不使用的功能会被自身删除。人的这些特质说明我们需要为孩子设置一个跟人类基本生活相匹配的丰富的事物环境。这样,孩子在三年的时间里,就能够接触到人类生活的基本领域,在与环境的互动中,儿童成长起来的心智模式才可能是丰富的。这样的心智模式才有可能使孩子将来适应他所遇到的复杂丰富的人生。

她不否认小西现在上的这所小幼儿园在人类心灵滋养、文学性、艺术性方面给孩子提供了很多发展机会。但是,这个班有二十多个孩子,每个孩子有不同的文化背景和生活背景,这使得二十多个孩子有不同的兴趣取向和天赋,二十多个孩子所擅长的领域肯定是不同的。幼儿园所给予的简单领域不足以让大多数具有不同特质的孩子获得适合自己发展的机会。但是,温娜找不到恰当的方式表达自己的意思。

当她说觉得幼儿园的玩具有点少时,小杨老师就带着宽厚的笑容,抓着温娜的手,语重心长地说:"玩具多了并不好,如果玩具很多,孩子就会见异思迁,玩了这个还想玩那个,他们就不能深入地去开发一个玩具的可能性。"

小杨老师还搬出了一些温娜听不懂的理论,这场谈话让温娜感觉很失败,因为到最后,她也没法讲出自己的想法,只能点头同意小杨老师的观点。

她感觉自己碰了一鼻子灰,但想想老师说得也不错,自己要想改造幼儿园,是有点不切实际的,自己才是个初入门的家长,没有教学经历,也不是学教育专业的,凭什么自己说的就是对的?如果自己不欣赏小杨老师

第四章 幼儿园那些事儿

的幼儿园,作为一个顾客,完全可以选择其他的产品,不必把人家改造成自己喜欢的样子。想到这里,温娜的不愉快稍稍缓解了一点,决定再看看小西的状态,或者找机会看看孩子在班里的情形。

小杨老师临走的时候还说:"如果你想了解孩子每天的生活状态,你可以去检查一下身体,到班里来观察一天。"

凭这一点,温娜觉得幼儿园还是很有诚意的,她也乐得这样,所以决定明天去做检查,真的到班里去待一天看一看。想必是小杨老师为了消除自己的疑惑,才提出这样的建议吧。

李跃儿 贴心话

儿童之所以被称为儿童,是因为他们不成熟,不成熟会带来很多我们成人不可理解的行为。我们可能会将这些行为看成问题,如儿童的交往,当一方语言成熟度不够表达自己,也不知道如何解决自己和别人的冲突时,他们就会采取最原始、最直接的方法,那就是打或者推。其实打架对孩子来说,是一个很好的认知他人的机会,这是孩子发展中的自然现象。当这种自然现象发生的时候,家长的态度很关键。有的家长在这种情况下每天接孩子出来时会忍不住问孩子:"今天和小朋友打架了吗?""今天有没有人欺负你?"孩子就奋力回顾这一天谁欺负过他,自己什么时间是不愉快的,这就等于唤醒孩子去注意不好的事情。为了满足家长的需要,孩子每天都会像完成作业一样向家长叙述这一天的不愉快和挨打的经历。它直接的后果是,造成孩子每天到班里去注意和寻找那些可能会打自己的人,孩子恐惧和害怕的目光,就会激起别的孩子产生要打他的想法,这就是所谓的吸引力法则。一旦这样,就真的造成恶性循环,孩子真的就成为一个受害者,而这个受害者是成人培养出来

宝宝入园那些事儿

的。一旦有这样的情况，孩子是一定不愿意到幼儿园了。所以作为教育者一定要注意唤醒孩子去发现对成长有意义的事情，避免孩子去注意对成长没有意义的事情。

第四章 幼儿园那些事儿

第六节 在幼儿园蹲守的一天

检查好身体，跟小杨老师约好了时间，一个星期三的早晨，温娜跟女儿一起去了幼儿园。她跟女儿说："今天是妈妈在幼儿园工作的日子。"女儿问了很多问题，是不是每天都要来，是不是要当老师，是不是每个星期三都要到幼儿园里来。温娜能感觉到女儿对妈妈能到幼儿园很惊喜。

这一天待在幼儿园跟她第一天来陪孩子感觉完全不同，她能放松地跟幼儿园的环境融为一体，幼儿园的每个活动环节，都有一种梦幻般的美好。

在自由工作的时候，孩子们一下习惯性地扑上去拿玩具，三五成群地开始商量，似乎进入了一个剧目之前排练的过程。大体内容是谁当妈妈，谁当爸爸，谁是姐姐，谁是弟弟……

温娜记得在自家的宝宝入园期陪园的那一天，那批毕业的孩子也是这样，现在这批年龄小的孩子已经成了班里最大的了，他们玩耍的方式跟那批孩子很像。

她尽量不让自己以批判的眼光看这一切，因为她还不能确定自己的想法是不是对的，既然人们批判应试教育的模式化，扼杀了个性和个性的智慧，如果孩子三年中只做这样的游戏玩耍，那不是另外一种模式化吗？当然中国人、欧洲人、非洲人都有他们的种族模式，但在这种大模式中也应该有自己的个性。

一天的流程像流水一样，按照一个规定的程序流淌。孩子们也都习惯了一件事情做完该做什么，一天几乎没有什么突发的事情使老师和孩子们需要突发性的智慧处理。

温娜不便再跟老师探讨教育的问题。老师说了，如果她有其他的需求，可以去选择能够满足自己需要的幼儿园，而不是拼命想改造这个幼儿园。

这里的一切都是美好的，孩子没有太多的愉快，也没有太多的不愉快。

小杨老师路过温娜身边时，蹲下来给她解释："你看，孩子就是这样玩耍的，每天都是这样的。"

温娜看到在孩子们自由工作的时候，老师们坐在那里做手工。教室里就像一家人在一起的情景，妈妈做自己的事情，孩子也做自己的事情，一天很快就过去了。

温娜带着女儿从幼儿园出来，觉得自己对这个幼儿园其实没什么可挑剔的了。孩子们在玩耍的时候，老师不去打扰，这是一种比较先进的现代教育的做法。但她同时也看到，至少有三分之一的孩子不能进入任何一个群体，也不能较长时间地玩任何一个游戏，他们整个上午就在教室里的各个角落游荡着，老师们也不试图帮助这些孩子改变这种状态。

温娜问过小杨老师："对那些不能玩耍的孩子怎么办？"小杨老师说："他们的游荡也是学习的过程，我们要等他们自我成长。"温娜说："我看到他们很无聊。"小杨老师说："无聊也是学习的过程。"温娜曾经看到过这样的话："人类需要体验无聊。"但如果孩子的父母就不会玩耍，孩子的家庭环境又极其单调，缺少灵性，孩子从什么地方能够学习到玩耍的能力和玩耍的技巧？如果孩子没有足够丰富的体验和积累，那孩子什么时候才能有真正意义上的自创的玩耍？也许国外家庭的孩子大多数生活在自然环境里，家庭生活内容非常丰富，使得他们的孩子能够自然地使用这种不太丰富的玩具。但就算是中国大城市高级白领的孩子，看来完全使用这种玩具还是有问题的。

她想起专家说的话："吃苹果时，你不能只盯着不能吃的苹果核就说

第四章 幼儿园那些事儿

这苹果不好;吃肉时,不能只盯着咬不动的骨头就说肉不好。你要看骨头上很香的、可以让你吃的肉,要看果核以外很香甜的果肉。"想到这儿,温娜深深叹了口气,这个幼儿园,比起那种老师整天板着脸,不许孩子随便说话,坐在座位上姿势要笔直、手要背起来,还要按老师要求在规定时间午睡的幼儿园要好得多。她听说有的幼儿园甚至规定孩子喝定量的水,喝不下去就要被老师训斥;有的幼儿园孩子上厕所也要在规定时间排队,孩子憋不住的时候也不敢说。小西至少不会受那种罪,自己应该满意了。

回想刚入园那时,每天惶惶不可终日,现在女儿终于适应了幼儿园,温娜再也不会因为入园问题闹心了,自己应该想想属于自己过的日子了。女儿所经历的一切都是她的缘分,她碰到这样的幼儿园,重视保护孩子的自尊,重视孩子获得丰富的情感,重视孩子关怀别人的能力,重视孩子的想象力,这就够了。不必那么贪心,非要女儿成为自己心中最理想的人。

这么想想,她的心情渐好,过了一段解放区的天是艳阳天的日子。琴已经弹得有模有样了,瑜伽也练得很有感觉了,走起路来都感觉自己非常挺拔有力量。如果不是收到那家有大沙坑幼儿园的通知,温娜可能就这样一直幸福快乐地过下去。但是温娜的的确确收到了那家幼儿园的通知,说毕业了一批孩子,现在他们已经获得了一个名额,可以入园了。

李跃儿 贴心话

本节的创作主要是因为内容的需要,为了让读者从多种角度了解幼儿园,但生活中不建议家长这样做,因为家长蹲班不一定能获得更多的收获。如果教学模式是老师给孩子讲课的模式,家长在幼儿园里,还能看到老师上课的方式、方法和老师在上课时是不是关注孩子,是不是爱

孩子,以及一天流程中哪些地方做得不合适,老师对待孩子的水平怎样,但能看到这一切也需要家长有一定的关于教育方面的常识。否则,即使看了也看不出问题。家长这样做的好处是,使自己放心;坏处是,使孩子感觉到他跟别人不一样,并期望家长每天都能到幼儿园来或者某一天会突然再到幼儿园来。这些期望会使孩子在人群中心神不宁,并且又开始拒绝老师和小朋友。如果孩子上的幼儿园是一个以孩子自由工作为主的幼儿园,家长像温娜那样做,对孩子的影响就更大。因为家长在的时候,孩子会变得三心二意,只想跟家长在一起并且用很多能够引起家长注意和同情的方式,来获得家长特别的关注。这样家长在蹲班的这一天里,根本看不到孩子在幼儿园的正常状态,反而有可能造成误解,使自己产生很多不良情绪。假如幼儿园设计一个家长客座日,让家长以客座教授的方式出现,为孩子们上课,这样家长既为孩子带来了新鲜的内容,使孩子为自己感到自豪,又观察了孩子在园里的状态,一举几得。家长到幼儿园去蹲班的时候,切不可以带着审判官和侦探的心态出现在班级里,坐在教室里处处挑毛病或评判,这样会使班里的小朋友和老师都不舒服,会破坏班里的和谐氛围,而且对自己也不利。家长毕竟不是老师,与老师比起来,家长算是非专业人士,对于在幼儿园环境中,怎样帮助孩子成长,家长理解得并不深入。在不理解的情况下,家长会用自己的观点去评判老师的行为。在很多情况下,家长容易误解老师。如果家长们都到幼儿园里像温娜这样待过,每位家长都按照自己的理解去评判老师的做法,老师就需要停下教学活动,为这些家长办一个学习班,使家长学习并且能理解老师的行为。所以,家长们可以试着去理解老师的行为,如果不理解,就信任老师。如果看到老师确实有做得不恰当的地方,如老师不让孩子在午睡的时候上卫生间,不让孩子高兴时大声说话和唱歌,或者体罚孩子,这些情况一定要找时间和老师沟通。

第七节 换幼儿园对孩子的影响

温娜一直没有撤掉在那个幼儿园的排队，接到通知后，她又开始纠结：自己的宝宝刚适应了这所小幼儿园，要不要把孩子再转过去；如果转过去的话，进入一个有二百个孩子的大幼儿园，孩子的视野会开阔很多。那所幼儿园一年四季的活动安排和教室内外孩子可探索的环境要比这里丰富得多，管理也非常正规，但是宝宝到那儿会不会又要重新适应一次幼儿园呢？在这里已经熟悉了群体，到那里还要重新熟悉。但是温娜又不甘心让自己的女儿上过的幼儿园是家庭式幼儿园。

轮到温娜预约面谈时，她还是去了。面谈的老师就是曾经接待过她的咨询老师。招生的老师说由于温娜的孩子年龄比较大了，所以优先为她的孩子安排出一个名额。温娜听到这里，非常感激，小西已经上了幼儿园的话，也无法说出口，同时也想听一听这所大幼儿园和小幼儿园比起来优势到底在哪里。

面谈的老师显得很专业，很正规，给家长做的入园协议和入园文件也比较全面。面谈时老师详细介绍了这所幼儿园一年四季的课程安排，温娜觉得这个课程很让她向往，对孩子应该是更加有利的。她相信已经适应过一次幼儿园的小西也一定能够适应这所幼儿园，毕竟人不会一生只生活在一个环境里，就算重新适应，也比第一次适应要容易得多。小西现在也大一点了，有了一定的判断能力和思考能力，也有了适应一个群体的经验，温娜想试着把女儿转到这所大幼儿园。

面谈后，她没有告诉老公，到了入园的那一天，她给女儿请了假，带

着女儿到了这所幼儿园。这里的环境氛围和老师对待孩子的态度与小西原来的幼儿园也很接近,或许是人多的缘故,老师们显得更加活泼。

小西一进门就被门前的小木屋吸引,马上拉着妈妈要过去看一下,而且她对院子里的木制大型器械也非常感兴趣。

温娜领着小西又到后院去看了看大沙坑,孩子们已经在户外活动了,沙坑里都是孩子,有的在提水,有的在挖沟,看上去很热闹。墙拐角的木工区里,孩子们正在锯木头,一排孩子坐在自己的工作桌前敲敲打打。后面的土木建筑区里,老师领着一群孩子在热火朝天地盖房子,有浇水的,有搬砖的,有运土的,配合默契,墙砌得歪歪扭扭,但孩子们干得很有热情。

小西看得很投入,似乎很羡慕。

温娜说:"小西,明天你就要来这个幼儿园了,以后你也可以跟这里的小朋友一起玩了。"小西好像没听见,温娜又说了一遍。

小西这才慢吞吞地说:"我要回自己的幼儿园,这里不是我的幼儿园。"听了这话,温娜心里不是滋味,有点担心自己的决定是不是错了,好在那边也没有退掉,如果不行,就再回去,或许孩子更喜欢自己已经熟悉的环境吧。

温娜在这个园也陪了孩子一天,这个园所有的活动都显得那么热闹,那么热火朝天。户外活动时,院子里每个角落都有孩子在忙活着。温娜讲不出什么道理,只是觉得孩子在童年的时候应该经历一下大的群体,有在大群体里生活的感觉。

陪完了这一天,温娜决定把女儿转过来。第二天小西到了新的幼儿园,只是哭了几声说妈妈别走。老师很关怀地将小西揽在怀里告诉她:"妈妈下午会早早来接小西的。"

第四章　幼儿园那些事儿

温娜已经有了经验，坚决地挥手掉头离开，然后放心地去做自己的事情。她不再担心老师和幼儿园会对孩子不好。何况这所大幼儿园建园已经有将近十年的时间，各方面口碑都很好，她相信自己的女儿已经长大，能够尽快适应新环境。

刚开始的几天里，小西还是嚷嚷着要回以前的园，但因为刚入园，有老师的特别关照，还帮她交到了新朋友，过了一周，小西就不再提以前的幼儿园了。

李跃儿贴心话

书中写的温娜先选择让孩子去小幼儿园，然后又转到大幼儿园，只是为了将家长所遇到的情况尽可能多地呈现出来，并不是建议大家像温娜这样去做，孩子转幼儿园的事还是需慎重考虑。这是因为孩子两岁半或者三岁，刚刚经由自己的努力了解了以家为单位的人类环境，由于深入的了解，他们认为他们归属于家族这个小的世界，这里的一切都已经纳入孩子的人格结构中。也就是说，孩子整个人与自己的家人和环境完全是一体的了，只要家人在，安全感就在。由此孩子信任他们的家人和家的环境，当孩子被迫离开家和家人，来到一个完全没有家人的地方，孩子得放弃自己刚刚建立的安全感和信任感，重新建立新的信任。

在出生时由于他们在这方面的建构等于零，所以没有比较，也就不会有抗拒，现在他们有了家和家人的比较，如果再与新的环境比他们就会抗拒。如果孩子在新的幼儿园已经开始努力适应了，这时，我们突然又把他们带走，再一次把他们放在另一个新环境，那么孩子会再推翻第二个环境，去适应第三个。当这样的转换过多后，看上去孩子放在哪里都行，实际上这时孩子已经不再建构信任和安全，他们无所谓，要么信

任所有的一切，不存在区别，没有要求；要么谁都不信任。

所以最好是选好了幼儿园就不再动摇，当然选得不合适的话还是要把孩子带离摧残他的幼儿园。

当然如果家长给孩子的安全感建构得好，孩子会很快适应新环境，他们很容易建构起信任。如果孩子超过五岁，幼儿园的替换反而给孩子更多练习适应的机会，所以在教育上一切法都得因人而异。孩子是脚，教育是鞋，适合孩子的才是好的。

第四章 幼儿园那些事儿

第八节 新幼儿园的风波

小西新入幼儿园的家长很热衷家长间的团体活动,所以很快有人邀请温娜带着小西加入他们的团队。没过几天,小西被小朋友邀请到他家做客,而且在放学的时候就直接被那个孩子的妈妈接走了,温娜被告知到八点半左右去接孩子就可以了。温娜感觉从有了孩子以后很久没有这么轻松过了,她真的忘记了和老公单独相处是什么滋味了。她打电话约老公早点回来去看场电影,老公一听,竟然在电话那边传来难得的笑声,温娜很久没听到老公这么笑了。他们去逛了小吃摊,买了冰糖葫芦,两个人边吃边像恋爱时一样手挽着手走进电影院。

温娜想改天也把那个小朋友接到家里,让那个小朋友的爸妈也过一个这样的假日。

园里的家长还组成妈妈的团队和爸爸的团队,轮流带孩子。轮到爸爸们带孩子时,他们会集体把孩子带到河边,去做男人的事情。妈妈们就会去逛街购物,一起下饭馆。轮到妈妈们看孩子的时候,爸爸们就会去踢足球、打篮球,妈妈们会跟着他们,爸爸们就运动得更加带劲,虽然也有孩子的打扰,但爸爸们似乎都不太被干扰,因为宝宝们似乎都黏着妈妈,所以爸爸们也没觉得他们没有获得单独行动的待遇。

有几天,小西回来常说:"妈妈,大嘟嘟今天没有打我。"当时温娜并没有在意女儿的话。

直到有一天温娜收到一封电子邮件,邮件是另外一个妈妈发来的,说她到班里去做客座教授,发现老师对孩子一些行为的处理方法是有问题的。

在她给孩子演示做蛋糕的时候,有一个孩子不遵守规则,把演示用的鸡蛋抓破了,他把沾满蛋清的手伸出来让大家看,惹得其他孩子哈哈大笑,也想试着去抓鸡蛋。主班老师大声告诉旁边的助教老师说:"赶快把他拉出去。"于是助教老师立刻就抱着那个孩子离开了工作现场,到外间的门旁边去准备。

这位家长听到那位助教老师跟那个宝宝说:"因为你没有准备好参加工作,把鸡蛋都抓破了,所以你需要在这里准备一会儿。"

家长听到孩子说:"我已经准备好了。"

老师说:"我认为你没有准备好。"

这位家长说:"这个园的教育理念是要尊重孩子,那孩子说准备好了,老师就应该相信,为什么孩子说准备好了,老师却说没有准备好?还有主班老师隔着很远的距离,大声让另外一个老师把孩子拉出去这样的做法,难道不伤孩子的自尊吗?"

温娜觉得家长说得很对,这样一个有着良好口碑的幼儿园,老师怎么能这样做事情?这个园是不是徒有虚名呢?之后的几天,这件事情被闹得越来越凶。有些家长发现孩子不愿意去幼儿园,孩子说如果吃饭时有小朋友大声说话,老师会让他们去准备。家长不理解,幼儿园不是允许孩子在吃饭的时候可以说话吗?为什么孩子说话还要被拉去准备,这不就是惩罚孩子吗?吃饭不让说话,这跟传统幼儿园有什么区别?

听到这些议论,温娜心凉了半截,这个世界上挂羊头卖狗肉的太多,自己当初过于相信这所幼儿园的口碑,是不是有些盲从了?因为抓破鸡蛋的事情,那个班越来越多的家长反映他们的孩子不愿意上幼儿园,并且说班里有几个孩子老是欺负其他孩子。

第四章 幼儿园那些事儿

家长们问过老师，老师说这是孩子自己的事情，要让他们自己解决。如果有强势的孩子欺负弱势的孩子，老师也让孩子自己解决吗？孩子那么弱小，怎么抵得过力量强、个头也大的孩子呢？这个园是混龄学习，班里有两岁多的，有四五岁的，有身体强壮的，有身体弱小的，如果老师真的不干涉那些欺负别人的孩子，这些孩子不就成了霸王，为所欲为了吗？联想起小西前两天说嘟嘟今天没打她，是不是女儿天天在挨打？想到这里温娜的心揪了一下。

这几天家长们群情激愤，温娜也被卷在里面，并且她更加着急，因为她是从那个风平浪静的小幼儿园转过来的，原以为自己找到了更加理想的幼儿园，谁知又出了这么多的问题。虽说没有风浪练不出好水手，但毕竟孩子还小，不能人为地给他们太大的风浪，这样孩子的自尊和心里的天堂会被摧毁的。

收到邮件的家长提出了很多质疑。

有人说："这个班的老师竟然给孩子看电视，有一天孩子回来说，老师给他们看了关于冰川的电视，上面有一只松鼠在追一个橡子，是如何好玩。"本来家长们响应幼儿园的倡议，家里的电视根本就不会打开，但是幼儿园却在教室里给孩子看电视，搞得孩子从此经常要求家长打开电视，要看那个冰川的动画。家长打电话问过老师，老师说是为了让孩子了解水在冰川时期的样子，就给孩子们看了一段冰川时期的视频。

当家长群了解了这个消息的时候，有几个家长说培训中说不能看电视，看视频对孩子具有怎样的伤害。甚至有个妈妈在 QQ 群里发："我们的孩子已经看了，这可怎么办？"

温娜感觉班里好像突然出现了很多问题。是不是其他班的问题大家不

知道？是小西运气那么不好，碰到了一个最差的班？

有些家长在 QQ 群里商量要去找园方谈这个问题。温娜在女儿转过来之后，跟主班老师有过几次接触，主班老师在女儿刚进来的第一周，经常会打电话给自己。在刚入园的那两天，甚至有一天打过两三次，向她报告小西的吃喝拉撒以及交友情况。

在温娜的印象里，这个小老师很不错，很有责任心。她觉得这位小老师还不至于差到如此地步。她想先打电话跟这个小老师沟通一下，如果有误会，自己也好及时向其他家长解释，否则不知道事情要闹到什么地步。

第二天中午，温娜拨通了园里外联的电话，向外联讲了妈妈们的疑惑，外联老师听了她讲的情况也比较着急，表示要立刻向园长反映，并且要及时解决。放下电话，温娜又觉得如果不直接去找当事老师谈，直接反映到园长那里，是不是会对班里的老师不好，如果直接打电话给主班老师是不是更好一点。她想做的是尽可能地帮助一下自己孩子班里的主班老师。

温娜还有一点私心，如果自己反映的情况被外联反映到园长那里，园长再告诉主班老师是自己反映的情况，主班老师会不会认为自己在告老师的黑状？这样老师会不会报复自己的女儿？这个幼儿园在教室里没有装监控，万一老师在班里背着领导做一些伤害孩子的事情，谁能知道呢？

她觉得自己有些多虑，从女儿的状态能感觉得出她没有受到什么伤害，但是现在网络上和社会上流传的一些幼儿园迫害孩子的可怕信息让温娜非常担心。温娜还记得自己曾在网上看到的报道。

在一个幼儿园，孩子们被要求做金鸡独立、下跪、双手抱头蹲下等动作，还有的女孩被老师抓头发，孩子们看的动画片居然是《鬼妈妈》。

第四章　幼儿园那些事儿

　　家长们指称,他们两三岁的子女遭幼儿园多名老师长期虐待。园方否认老师打小孩,只承认部分教师教导小孩时"动作过大"。

　　更多的孩子被老师威胁,在外面遭受强大的心理压力,回来还不敢跟家长说。

　　如某幼儿园老师指挥女童掌掴男童,老师摄像取乐;因为幼儿爱说话,老师用胶带封他们的嘴;捆绑孩子午睡;在冷天让幼儿脱光衣服吹冷空调;用紫外线消毒灯照射孩子;用注射器针扎幼儿……这些虐待儿童的花样层出不穷,且一次次"升级"。

　　……

　　这些消息触目惊心。温娜一直不太愿意相信这是真的,孩子那么可爱,谁看见都会忍不住去爱他们,怎么会下这样的毒手。

　　温娜觉得,幼儿园老师是不敢也不会这样做的。人们常说,好事不出门,坏事传千里,如果宝宝在幼儿园里过得开心快乐,每天像鸟儿一样自由自在,身心健康,父母们看到孩子的状态心里很踏实,很享受,也不会费心去宣传这些好的信息,因为这本是情理之中的事情。

　　偏偏有些事情就是事与愿违,孩子的情况不正常了、状态不好了,一调查,发现孩子被体罚了、被训了、被打了,身心受到了严重的创伤。家长们就会忧心如焚,会采取各种办法来保护孩子,而采取最多的办法就是曝光。所以,家长们在各种媒体上都能看到特别多虐待孩子的新闻,却很少看到哪个幼儿园怎么关照孩子令家长满意的新闻。就温娜参观过的幼儿园和小西上过的幼儿园来讲,温娜觉得,有一些老师是由于不懂得孩子,也没有接受过好的教育培训,所以对待孩子的方式不当。真正虐待孩子的老师还是少数。

　　更多的老师还是非常爱孩子的,他们把怎么帮助孩子成长作为自己毕生的事业。如果只看虐待孩子的新闻,那幼儿园和地狱没什么两样,家长怎么敢把宝宝送到那样的地方?但是,如果真的遇到这样的事情,家长该怎么办呢?

　　温娜觉得还是先了解一下情况,问清楚宝宝,再找老师,听听老师的说法。如果老师的解释让人不能接受就找园领导解决,不行就只有找媒体或者通过法律解决。家长们可能都有"怕老师报复这样的想法",温娜认为,如果家长对老师有个提醒,老师肯定会注意他们的行为的。

　　不管怎么说,最近小西班里的这些消息令家长们很不安。有不少家长虽然没有像温娜那样给孩子转园,但也是为了让孩子上这所幼儿园才从很远的地方把家搬到幼儿园附近,所以家长们就有点侥幸心理,觉得"自己没那么笨,孩子的命没那么不好,不会费尽周折选择了一个糟糕的幼儿园"。大家尽可能地享受选择这个幼儿园给自己带来的轻松美好生活,但想不到没轻松几天,也会为这样的事情烦恼。

　　这个园的老师在这次事件中虽然没有出现打孩子的情况,但是却出现了不够爱孩子的行为,同时也具有给孩子带来伤害的可能性,这让家长们非常生气,难道他们弃家别业,就是为了得到这样的结果吗?

　　温娜给外联老师打电话时,还抓紧时间约到了小西班的主班老师。主班老师甜甜的声音传来时,温娜觉得家长们可能是多虑了,但同时又觉得家长们不会撒谎,那些事件如果真存在的话,家长就没有多虑。于是温娜在电话里给主班老师说:"您千万别着急,其实也没多大的事,只是妈妈们有点不理解。"她想替妈妈们咨询一下,就先问了看电视的问题。

　　主班老师说:"电视确实是看过的,当时就给那位质疑的妈妈解释过

第四章 幼儿园那些事儿

很多遍了。因为在生成课程中，会利用多种手段来让孩子发现对一件事物的探索可能有多种方法。对于冰川的认知，最好的方法是让孩子看一下冰川是什么样子。因为条件所限，除了让孩子看视频里的冰川没有别的办法。再说，为了了解一个事物，看电视只是一个手段，应该没有什么问题，不会给孩子带来伤害。幼儿园看视频是为了探索不是为了消遣。家长在家里要引导孩子做真正该做的事，而不是通过看电视来代替与实物的互动，孩子不听话家长心里就难受，不愿意付出心力来坚持，反过来指责老师给孩子看了视频，这也是不公平的。因为孩子是需要幼儿园和家长共同帮助的，在这种时候需要家长配合一下幼儿园的工作。"

主班老师说得有理有据，既然主班老师跟那位家长沟通过，那位家长应该也听明白了，为什么还要再提这些问题呢？于是她问主班老师："您给那个提出质疑的妈妈就是这么说的吗？"

老师肯定地说："我已经给她解释过好几遍了。"

温娜又问："妈妈们还不理解的是，为什么你们要给孩子做那么多的准备，并且要把孩子拉出去做准备，感觉到孩子是受惩罚了。"

主班老师说："我休假了一段时间，回来之后，发现班里以前良好的秩序状态被打乱了很多，有些孩子行为变得非常不得当，为了给孩子重新建构原则，这个时候可能准备得就多了一点。"

温娜觉得老师解释得很明白，再说给孩子建构一下原则也没什么。凭自己这几年来对教育的理解，一个集体如果出了问题，重新让团队回到有秩序的状态，肯定会矫枉过正，这是人类群体的自然现象。因为人类生活本来就是一个变动的过程，不会一直平衡，平过了就会动，动过了就会静。孩子也会这样，主班老师突然离开，班里的变化和副主班老师的权威性可

能都会给孩子带来新的感觉，这时他们就会打破以前的秩序，挑战权威。主班老师回来后，重新建构原则也是正常的。但温娜没有问主班老师在远处大声要求另外一个老师把孩子拉出去的事情，她觉得这样有点指责老师。

她跟主班老师说："我还有最后一个问题，就是在你们幼儿园，是不是孩子互相欺负的时候老师不管？"

主班老师有点着急："怎么能不管，如果孩子互相欺负不管对欺负者和被欺负者都会带来不利的影响，为了孩子们能获得良好的发展，获得身心健康的保护，我们会小心对待孩子的每一个行为的。"

温娜说："据有些家长说，按老师的解释，孩子被欺负老师不管是为了锻炼孩子解决问题的能力。"

主班老师说："哦，你说的是童童吧，这件事情我已经给他妈妈解释过了。他妈妈以为嘟嘟打了童童，童童肯定平时也天天受欺负。其实嘟嘟并不是一个欺负人的孩子，只是他现在到了四岁，四岁的孩子已经成长起一定的力量，他为了发现自己的力量，就会去挑战每一个他认为很厉害的孩子。有时他在班里会突然去抢一个孩子的玩具，或者让另外一个孩子听他的，有几次他做出打人的动作，但并没有打下去。这种情况下，我们会帮助他度过这个时期，让他知道怎样去展示自己的力量，也会帮助其他孩子怎样去跟他相处。我们不会让任何一个孩子因被其他孩子欺负而受到伤害。我们让孩子自己去解决的问题，只是让他们学会自己解决能解决的问题，他们不能解决的我们才会提供帮助。"

温娜不知道在孩子之间发生的问题哪些是属于孩子自己能够解决的，哪些是不能解决的，但老师这么说了，她也没有能力再质疑了，所以只好客气地和老师说再见。

第四章 幼儿园那些事儿

放下电话,温娜就赶快在电脑上汇报自己刚才跟主班老师沟通的过程,但是无论她怎么说,都会遭到其他家长更多的质疑。她刚才认为被老师说服的那些理由,在这里又被更多的家长击破,看来事情不是她能搞定的。这时温娜又获悉园方准备给他们班的家长开会,她手机上也接到了通知,说在本周五的晚上,请家长六点钟到园里,主班老师、教育督导和园长一起跟大家探讨这些问题。

星期五的晚上,她把小西接回家交给老公带着,自己到园里开会,会议就在温娜那次咨询孩子入园焦虑的房间。

她很喜欢这个房间,尤其是那块美丽的新西兰地毯,园里为家长们准备了一些水果和饼干,这是为那些直接从单位赶来的家长准备的。这一点也让温娜感觉很温馨,以前小西的幼儿园老师也是这样做的。

家长们陆续来了,有些家长还带着很大的气。老师们坐在家长的一边。

会议开始的时候,园长站在黑板的前面,请家长把疑惑都说出来,然后她一条条解释,但家长都沉默着没有人说话。

园长看到这种情况,微笑着对老师们说:"要不你们先回教室休息,一会儿需要的时候再来。"

家长们发出会意的笑声,老师们也笑着离开了。温娜能理解当着老师的面去发泄情绪或是说出很多让老师不舒服的话是家长不忍心的,让老师离开家长就能够畅所欲言了。果然,老师一离开,立刻有家长发言,问题很尖锐,因为家长带着情绪,所以整个氛围立刻凝重起来,提的问题还是温娜知道的那些问题。园长将家长提的所有问题都写在面前的小黑板上,然后一一解答。对于过多地让孩子准备的事情,园长说的跟主班老师一样,是由于主班老师临时休假,班里的氛围出现了一些变化,整个状态是向下

的、混乱的，这种状态影响到了每个孩子。一些孩子故意在晨圈的时候笑，上地毯时不脱鞋，讲故事时故意摇头大笑等。当然孩子的行为是老师缺乏经验导致某些教育行为不当造成的。

听到这里，温娜想起来，这位园长曾讲过一节课，那节课讲的是成人的哪些教育失误会给孩子带来行为问题，其中有一段电影赏析。温娜印象最深的是电影中一个全托幼儿园发生的事情。课堂上，班主任老师要求小朋友模仿一种动物，其他小朋友猜出动物的名称。一个小女孩上来模仿了孔雀，下面的孩子露出会心的笑，大家为猜出孔雀而自豪。

这时班主任老师来了兴致，她要给孩子们表演大猩猩让孩子们来猜。只见她眼睛瞪得很大，穿着深色衣服，嘴鼓成大猩猩的样子，舌头伸得很长，举着双手张牙舞爪地走向孩子们。本来，猩猩看上去就有点像魔鬼化了的人，被老师这么一学，孩子们可能联想到了神话中的魔鬼，一个个脸上露出恐惧的表情。这堂课之后，孩子们开始出现暴力行为，互相攻击、打斗……

当时讲座的园长说："如果环境是危险的、恶劣的，又没有人来帮助孩子，孩子就会想办法自己保护自己，他们想到的办法在成人看来是幼稚的，比如他们通过欺负身边比自己弱小的孩子来展示自己的力量。电影里那个小男孩，抢了别人的枪，还试图伸手去打那些在墙角缩作一团的女孩，就是这种情况。老师的表演让孩子们害怕，并感觉到危险，所以，有一天晚上，全体孩子联合起来要趁那个老师睡着时把她绑起来，孩子们说她是妖怪会吃人。"

那场讲座让温娜知道，孩子们出现不当行为的时候，成人需要检点自己，是什么地方做得不当，引起了孩子的不当行为。例如，当时老师给大家讲了一个班的孩子最近很躁，老师们百思不得其解，为什么孩子们突然

第四章 幼儿园那些事儿

出现对骂打架等不当行为。后来大家到班里观察了一下，原来是老师调整了工作区后，有两个区域摆放的位置有问题：综合玩耍的孩子需要大型积木的时候，要奔跑穿过几乎整个教室去拿积木，穿越教室的时候还要路过娃娃区，又踢到了娃娃区的娃娃，使深入工作的孩子不能安心工作。几周之后，这个教室里原来平静美好的秩序就被弄乱了。

这次小西班里孩子们的行为问题又是因为什么出现的呢？园长说："这次出现的问题是由于主班老师有事休假，副主班老师没有准备好接替主班老师的力量和心态，孩子们失去了凝聚力，于是开始挑战权威。正好几个年龄大的孩子利用这种机会，发现了自己的力量，并且开始探索力量，所以他们每天挑战，把别的孩子都惹恼了，他们自己就获得了成就感。

"这时副主班老师由于没有经历过这种局面，没有及时地布置力量来平衡班里的状态，每天只是注意流程，反而造成混乱。主班老师回来后，面对这种混乱局面，为了尽快恢复正常秩序，给孩子们建构原则，难免操之过急。由于这样的原因使得在家长客座日那天，孩子的不当行为带来全班行为失控。老师又在没有提前通告孩子的情况下带孩子去准备，并且隔着一段距离大声告诉副主班老师，这样做是不对的。但是希望家长们理解，老师也是人，他们经常会有做得不到位的地方，他们也在成长，只是我们要求老师犯的错误尽可能少些，做得尽可能到位些。我们的老师和园长需要提升，大家都需要提升。"

温娜觉得园长的态度是让家长们接受的，其实家长们也不是要求园方所有的事情都做得尽善尽美，只是他们来这所幼儿园之前，这所幼儿园给他们的感觉是尽善尽美的。但是这个世界上哪里有尽善尽美的幼儿园呢？

跟温娜在一起的家长没有经历过其他幼儿园,有的甚至没有参观过其他幼儿园,只是听说这里好就来到这里,所以在他们的想象中,这里应该是完美的。

就温娜来看,每所幼儿园都有它的不足,老师也有水平高低之分,据说一些后来被世界公认的先进的教育理念最初也只是由一些保育员来实施的,想必在那个过程中有做得更多的不到位的地方,只是人们没有那么多对幼儿园的完美要求而已。

关于孩子互相欺负的问题,园长的解释也跟那天老师的解释差不多,只是她反复强调,要家长们尽可能地相信这所幼儿园,相信老师,否则家长的不信任会造成一个非常不好的氛围,老师也会消耗太多的精力来安抚家长。

园长说:"毕竟我们是在养育孩子,这是一所幼儿园,不是一所家长学校,我们能做的是和家长携起手来帮助孩子发展,而不是把力量都用在照顾家长上。如果我们能每月安排一天开放日,大家可能就不会有那么多的疑虑了,但是一周有五天的时间,如果有一天家长来,孩子就会在后来的几天也希望家长来。更重要的是,我们不是在上课,老师没办法把孩子组织在教室里听老师上课或者做什么表演给家长看。孩子们是在自由工作,如果家长坐在那里,孩子就不会去工作而去找自己的爸爸妈妈,家长也看不出孩子的正常状态,所以家长开放日也没有什么意义,只会给孩子带来不利影响。"

她还说:"大家一定要相信这个世界上还是有可信任的人,还是有人愿意诚心诚意地为孩子们做事情,为孩子办一个适合孩子的幼儿园,还是有人会像孩子们的爸爸妈妈一样去爱孩子的。"

第四章　幼儿园那些事儿

温娜觉得这话很好听，但这种话可能任何一个幼儿园老师都能说出来。信任是需要时间的，同时也需要一些事件。最近这些事件，让家长无法信任老师，再加上社会上听来的那些有关幼儿园的可怕信息，家长们感到焦虑也是人之常情。家长有疑虑，园方来解决家长的疑虑，在这样的互动中，家长才会慢慢信任幼儿园。

问题全部解答完后，老师们都被叫了过来，跟家长一起沟通每个孩子的情况，家长们急于想了解自己孩子在幼儿园的情况，老师们急于给家长们描述他们的孩子，这时的气氛就显得其乐融融了。

这次家长会让温娜觉得幼儿园的工作其实挺有意思，在这里工作的人应该很有成就感，这有点像冲浪，一次次惊险，一次次突破，有时会被一个浪打入谷底，但是如果有能力的话，还会浮出水面，重新踏上冲浪板，继续滑行，那一定是极其快乐的。温娜想，将来如果有机会，也来做这样的工作，不为挣钱，只为这种感觉。

李跃儿 贴心话

如果孩子在幼儿园真的被虐待，一定要站出来，马上去了解情况。一定要让那些不称职的没有爱心的老师远离孩子，我们决不能让孩子生活在虐待之下。在这种情况下，要求老师和校方道歉没有什么意义。保护孩子是第一位的。不要把力量全用到怎样惩罚那位不爱孩子的老师上，要把力量用到保护孩子上。还有一种情况是：有时家长有很多的误会没和老师及时沟通，家长就会有很多矛盾和不安。其实，一个幼儿园是不是一个爱孩子的幼儿园，家长可以通过很多细节判断出来，有时通过一两件事就能看到全部了。如在一个幼儿园，老师当着孩子的面嘲笑孩

子的爸爸，给孩子说如果你再哭就会像你爸爸那样如何如何。这样的行为说明这个幼儿园对老师没有关于尊重孩子和保护孩子的要求，通过这一个细节你就会判断出，这个幼儿园不会把爱孩子作为对老师的首要要求，也就没有真正的爱与尊重的人文环境。在这样的情况下你的孩子受到各种虐待是极有可能的。如果你看到这个幼儿园的老师跟孩子在一起时，他们特别快乐，无论你在与不在他们都快乐地和孩子融为一体，不是专门像做课程一样做出快乐的情景。无论你怎样观察都看不到老师对孩子的不当情绪和不好的态度，看不到老师逗弄孩子、贬损孩子，那么这个幼儿园可能是一个真正爱孩子的幼儿园。他们会不遗余力地想法让孩子获得最好的发展，也会虚心地接受来自各方面的意见，愿意和家长沟通，只要为孩子好，他们愿意改正自己不足的地方，所以他们不会隐瞒自己的不足和所犯的错误。如你判断你的孩子上的是这样的一个幼儿园，在你发现了一些老师做得不好的地方，或疑心老师对孩子有不当的处理时，那极有可能是家长对幼儿园在教育行为上的理解有误。因为家长出于对孩子的担心、焦虑，加上自己经历中的一些不好的经验，以及对孩子的理想化期待，很有可能明明是希望自己的孩子独立自尊，但心理上往往容易产生一时无法把控的偏差，就如把孩子紧紧抱在怀里，确实不担心孩子摔跤了，却忘了只有让孩子自己奔跑，才能真正成为一个有力量的独立的人。幼儿园的老师因为少了一份对孩子的焦虑，面对孩子反而比较理性，不容易因感情上的纠结而出现大的偏差。如果你的孩子在一个经常和家长沟通孩子情况的幼儿园，你有疑虑却不找园方沟通，不去了解情况，而是找其他家长发泄自己的情绪，这样，其他家长会误把你的情绪当成幼儿园对孩子处理不当的后果，把情绪和事实混为一谈，他们也会因为担心而产生不良情绪。本来幼儿园和家长保持沟通是非常好的，但同时老师也容易受到家长破坏性情绪的影响。老师如果没有及时发现家长这种情况，或发现了没有力量挽回，老师就会集体焦虑。如

第四章  幼儿园那些事儿

果这样，孩子就会遇到最糟糕的成长环境：一边是状态不好的家长，另一边是状态同样不好的老师，最终受到伤害的是孩子。

还有一种情况是这样的，孩子的智慧成长到一定的时候会由于某一次唤醒，而去探索赢得同情。有的孩子在园里一天都很好，但一见家长就哼哼唧唧，说出很多令家长难过的事。很多家长就是这样被孩子控制着，一开始孩子只是说一些简单的坏消息，当发现这样做能得到家长的关注时，孩子就会在这方面投入自己的智力，每天创造出各种各样的不舒服。所以，家长在处理这些问题时，一定要特别注意。要想想怎样反应才对孩子最有利、最有帮助，而不是马上猜疑老师对所有的孩子都关爱有加，唯独对你的孩子不够照顾。

总之，孩子上幼儿园期间，家长会遇到很多的疑惑，家长一定要分清哪些状况是由于自己的问题造成的，如自己本来就有的焦虑，不肯信任别人；哪些状况是幼儿园真的做得不够好需要去沟通的。如果是自己的问题就要想办法自己解决或者借助外力解决。如果是幼儿园的问题就要及时沟通。切不可憋在心里使自己的状态变得越来越不好，最后影响到孩子。

兴趣班

第五章
chapter·5

第五章 兴趣班

第一节 兴趣班的困惑

转眼小西已经四岁多了,孩子完全适应了幼儿园的生活,老公也不再抱怨上班时的堵车,似乎他们将永远在这里住下去了。

温娜没事时还是习惯到网上浏览些孩子教育方面的内容,这天,她看到有个妈妈发了关于兴趣班的帖子,帖子上说:

> 我家儿子已经四岁多了,好想让儿子上一些兴趣班,可是孩子自己又没有特别想学的项目,我也很困惑。身边好多朋友的孩子上了好几个兴趣班,我也不想和他们一样让孩子那么累,但是又想让孩子学一点东西,最近一直为这事很苦恼。
>
> 在这儿发一帖,大家讨论一下孩子上兴趣班到底重要吗?我们应该怎样给孩子选择兴趣班呢?

有个家长跟帖说:

> 我原来也觉得孩子上兴趣班多么累,一再强调自己不送。但宝贝过五岁生日时自己选择了钢琴班,现在学习四个月了,每个晚上坚持按时去,哪怕刮风下大雨,没请过一次假。虽然进度跟不上大龄孩子,但宝贝的毅力和兴趣感化了我。对于她来说,兴趣班不是累,是享受。送去兴趣班如果真出于孩子的兴趣,而家长又不强迫效果和成绩,不给孩子造成压力,不怕孩子进度慢浪费钱,那么,我觉得是可以去的,现在孩子的适应能力超出我们家长的预料。

因为小西在幼儿园很开心,每天回来不是小朋友的事情就是老师的事情,呱呱呱说个不停。这个幼儿园也没有给孩子开什么兴趣班,小西也没有表现出对什么事情有特别的天赋和兴趣,所以温娜也一直没有去想兴趣班的事情。

她又想起前些天有个朋友说把女儿送到舞蹈班,结果老师说这个孩子踏步动作不美观,身体也不太协调,应该是年龄太小的缘故,让长大些再送。温娜觉得这个当妈妈的也太心急了。

小西有时候会拿着纸和笔,画些兔子啊,花啊,房子啊,有时候还会弄些橡皮泥捏脑袋巨大的小人摆着玩,温娜认为这都是小孩子的自然玩耍,并不能说明孩子就有绘画和艺术方面的天赋,还是先顺其自然的好。

温娜发现身边的人好像都不太着急,就想再轻松几年,但有时周末看到那些跟小西一样大的孩子被父母带着出入各种业余教育机构,而自己却在那些机构门口的草坪上和小西疯玩,心里多少也有点打鼓,自己到底做得对不对呢?

温娜想起了小时候的自己。五岁那年,妈妈曾经为她报过电子琴班,那是因为在一次逛街的时候温娜看到电子琴非要妈妈买。妈妈当时很犹豫,试图说服温娜换个别的玩具,但温娜哭着喊着说啥也得要这个电子琴。后来,妈妈没有办法就指着琴让温娜保证买回去后一定好好学,好好练,再苦再累也不放弃。温娜发了誓。当时这台电子琴二百多元,相当于妈妈两个月的工资。后来买回去学了一年,温娜说什么也不学了,每天练琴哭哭啼啼的,爸爸妈妈见她这么痛苦就同意她放弃了。

回想起小时候的自己,再看看小西,温娜觉得报兴趣班,开始孩子都喜欢,但最后很难坚持。她心里也没底,万一女儿像她……但像很多没有

第五章  兴趣班

一技之长的成年人一样,温娜对小时候的放弃还是懊悔不已。所以,对于是否要给女儿报个兴趣班才会如此纠结。

> **李跃儿 贴心话**
>
> 　　建议孩子不要过早过多地上兴趣班,孩子不上兴趣班,也能获得比较完善的发展。上兴趣班很可能只是满足了老师出售兴趣班产品并达到家长满意的结果。很多人小的时候上的兴趣班学到的东西,成人以后就再也不用了。我听到大多数人的说法是,因为当初是父母逼迫去学的,所以内心产生了很强烈的排斥感,尽管他们做得很好。有人或许会说,至少他们多了一项技能,但是为了学这项没兴趣的技能,他的整个学习的过程却痛苦煎熬,由煎熬带来的心理伤痛是无法挽回的。所以成人要算算账,哪个是值得的就选择哪个。

第二节 选择绘画班

有一天，小西回来跟妈妈说："我到妞妞家去玩，可妞妞妈妈说妞妞没有时间，说她只有星期五晚上才有时间，本来是约好的。"女儿看上去有点伤心。

温娜随意地问了一句："妞妞为什么那么忙呢？"因为这所幼儿园的家长，大多数都是赞赏这个幼儿园的教育理念才把孩子送到这里的，这个幼儿园主张在孩子童年的时候，给孩子机会去展开自己，让孩子有充分的时间来形成属于自己的思维形式、行为模式、探索模式，通过这一系列的活动才能成为一个可以把握自己命运的人。就是说孩子要准备好一个良好的心理状态和人格状态，来迎接即将来临的鲜活的一生。而不是提前支取这些时间、精力和气血去学习书本知识。那么妞妞到底在忙什么呢？

小西的回答令温娜有些意外："妞妞星期一学英语，星期二学钢琴，星期三学画画，星期四学跳舞，只有星期五什么都不学，可以请我去做客。"

温娜有点纳闷，家长们在一起扎堆时可没有人议论去上兴趣班的事，难道人家都在偷偷恶补，只有自己傻乎乎地放松过生活？吃过晚饭，小西跟爸爸去玩了。温娜赶快躲到卧室里拨通妞妞妈的电话："妞妞今晚在哪里学画画？"妞妞妈说："就在赵越的画室，幼儿园很多孩子都在那儿学习，你不知道吗？"温娜说："教得好吗？"对方说："还可以，孩子们很爱去的。"温娜说："不是幼儿园的孩子每天都能自由画画吗？"妞妞妈说："幼儿园里虽然有绘画课，但老师不教，都是孩子自己画，培养孩子的创造力和想象力，我们再给她补一些知识和技能的东西，不就更全面了嘛。"

第五章　兴趣班

温娜想想也是，如果孩子去了一个只学知识和技能的学校，那可能就缺少了身心和智慧以及良好性格的成长机会。来到这个幼儿园在这方面帮助很大，却又缺少知识和技能的学习。反正孩子每天在幼儿园既快乐又放松，晚上把孩子从幼儿园接回来上一个小时的课也不会对孩子造成什么危害，干吗不去学呢？

打完电话，温娜就去找小西，小西这时正在看爸爸用刀子刻蜡烛，说是想刻一只小猫。温娜蹲下来装作随意地问："小西，妞妞每天都上兴趣班，学钢琴，还学画画跳舞，咱们也去学好不好？"

小西说："要是跟妞妞在一起学，我就去。但是每天学画画我就不能跟爸爸玩了。"

温娜说："你上完课还可以跟爸爸玩呀。"

小西没有什么上课的概念，觉得上课可能是件很好玩的事，所以就点头答应了。于是温娜想先给孩子报一两个班试试，如果效果好就学，不好就不学。

到了下一个周三放学的时候，小西和妞妞一起说说笑笑地被送到赵越老师的画室。画室在另外一个小区，是老师家的客厅，上课的孩子有十几个，每天晚上有不同年龄的孩子在上课，周六周日也有。温娜不想占用周六周日一家人到野外活动的时间，占用周三晚上的一个小时还是可以接受的。

老师家客厅墙上的架子放满了孩子们各种各样的泥塑、软陶、纸浆泥作品，还有瓶子上画的画，画室的味道很浓。

小西一进门就惊讶地在那些作品前绕着圈看，眼睛亮亮的，很有兴趣的样子。温娜被允许听一节课，于是坐在了后边。赵越老师从里间屋出来，这是个看上去三十多岁，留着小胡子，很有艺术气质的男人。只见他手里

提着一个瓶子,走到屋子中间,把瓶子放在桌子上,啪啪地拍了几下手,然后对孩子们说:"看我手里拿的是什么?"

"瓶子。"孩子们说。

老师说:"这个瓶子是什么颜色?"

"白色。"孩子们说。

老师说:"这个瓶子是透明的,现在我要把它变成一个花瓶子。"老师用笔从旁边的红色颜料盒里蘸了一点红色,一边把笔和瓶子稍稍抬高让孩子们看,一边说:"瓶子里的红色开始流淌,它淌出一条线,现在这条线是直的。然后我转动瓶子,这条线就开始弯曲。我把瓶子换一个方向,它又往另外一个方向弯曲。如果我再把它放直,它又回到了直线。我让它一直这样流到瓶底,它就流出一条弯曲的线。我要再滴一滴红色,再让它流出另外一根线。我们的瓶子就有两根歪歪扭扭的线,慢慢地线越来越多,我们的透明的玻璃瓶子就变成一个花瓶子了。"

来画画的都是一些四岁到五岁的孩子,老师做的事情非常吸引孩子们,这个简洁的展示就已经让他们摩拳擦掌了。

这时老师给孩子们说:"在你们每个人的桌子底下,都有一个这样的瓶子。在你们桌子上有三小瓶不同的颜色,你们可选其中一种,创造出你自己的漂亮的花瓶子。"

温娜觉得这个老师很有水平。孩子们开始活跃起来,每个人拿了瓶子开始做。小西已经顾不上跟妞妞说话了,拿着瓶子把颜色滴进去,开始让它流。有的孩子滴得太少,颜色在瓶子里不流淌,老师就会走到跟前帮助他。

一个小时很快就过去了,老师和孩子们都忙碌着,老师边帮助孩子边做自己的作品。他手里花瓶的线纹既丰富又好看,很快有孩子也做好了自

第五章　兴趣班

己的花瓶。

老师不断地赞赏着孩子们的作品。等孩子们都做完了，老师把他们的作品在一个架子上摆成一排，然后拿起一支笔轻轻敲了一下瓶子，这种让孩子安静的方式既温和又有趣。

老师说："现在来看看我们的作品，请大家眼睛跟着我的小棍子走。"老师边说边用他的小棍子轻轻地划过所有的瓶子。孩子们的眼睛跟着他的小棍子，扫过所有的花瓶。这样，每个瓶子似乎都变成了一个五彩缤纷的小树林。

这时赵越老师伸出手举在肩膀上，对孩子们说："请像我这样，为我们自己的作品欢呼，说，噢耶！"

孩子们跟着喊："噢耶。"

老师大声说："声音不够大，我们再来一次。"

有的孩子从座位上站了起来，大声喊："噢耶！"

温娜觉得老师用这种方式让孩子对自己满意，燃起孩子欣赏自己作品的激情，这里就不仅是一个美术课堂，更是一个让孩子建立起自信的地方，美术只是一种手段而已。

接着老师请孩子坐下来，坐成一个弧形面对自己的作品。老师说："现在我们要看看谁的作品最复杂。"

老师的小棍子第二次从每个人的作品面前划过，孩子们的眼睛也习惯地跟着他的小棍子。这个动作让孩子学会了用目光去比较，孩子们会发现作品间的区别，比如哪个复杂，哪个简单。

老师说："请每个人上来投票，在你认为最复杂的作品上敲一下，说明你投了他的票。"每个孩子都抢着上去要敲那个自己认为最复杂的瓶子，

玻璃瓶子被敲得铛铛响。

最后有一个瓶子获得了最复杂瓶子的奖项,那个瓶子的确道道最多,看上去最花。温娜正在好奇老师拿什么奖励孩子。老师说:"他获得了最复杂奖,我们每个人在他脖子上吹口气。"老师走到他面前,在那个男孩脖子上吹了口气,男孩笑了。温娜觉得这种奖励真是太好了,获奖的人获得了纯粹的个人感受。

在每个人带给他这种感受的时候,大家既没动手,又将自己的某种东西送给了他。这比我们习惯的物质奖励有了更丰富的精神内涵。

温娜认为这个老师很理解孩子的心理,有较高的文化审美和很好的素养。孩子在这里学画,学的不仅是画画的技术、画画的方法、使用绘画工具的能力,更重要的是,孩子学到了以艺术的眼光来看待事物、评价事物、与人交流。于是温娜决定让小西在这里学习。一下课,她就报了名交了学费。

这堂课结束了,每个孩子都得到了奖励,有最漂亮奖、最简单奖,有线条最粗奖、线条最细奖,不知道这个老师怎么会想出那么多的奖,让每个孩子都得到了他人送给自己的精神奖品。比如每个人都捏一下获奖者的小拇指,或者捏一下耳垂,等等。

回到家,温娜兴奋地给老公描述这次听美术课的感觉,老公一边听一边点头表示赞许。玩笑归玩笑,由于对赵老师的欣赏,使得温娜认为其他学科的老师可能还有更多的激发孩子潜能并能建立起孩子自信的方法。如果不去学,岂不遗憾。于是温娜有天问小西:"咱们再学个什么呢?"小西说:"学跳舞。"

第五章　兴趣班

李跃儿 贴心话

让孩子去经历一下兴趣班也没有什么不好，等孩子四岁以后，可以带孩子去体验一下，有些东西是学了以后才知道是否感兴趣。但一定要找一个懂得孩子，也很有专业水平的老师。切记不要把孩子硬塞给那些有破坏性的老师，也不要让孩子每天都奔波在各个兴趣班之间，那会得不偿失，使你的孩子一生都讨厌学习和做事。

第三节 舞蹈梦和钢琴梦

听小西说想跳舞,温娜心中暗喜,原来小西真的还有别的兴趣,如果自己不用心,还真把孩子给耽误了。再说,女孩子天生就爱美,如果真能去学学跳舞,以后凡有需要的时候,都能在舞台上或者在朋友圈中娱乐自己和他人,也是一件很惬意的事情。自己长这么大也没学过跳舞,更没有自由自在地舞蹈的机会,但是在自己从小到大的梦想中,都有穿着漂亮的裙子在舞台上舞蹈的样子。温娜打听了好几处舞蹈班,最后还是决定到妞妞去的那一家看看。

小西跟着好朋友妞妞一起去了。这是一个门面房二楼,屋里装着拔杆和一面大镜子。老师个子不高,头发绾得很高,很精干的样子。她们一进去,老师就走过来,笑着说:"是新来的吧?叫什么?"

温娜赶紧报上孩子的名字。

"噢,妞妞的妈妈说了,今天先试一节课吧。"老师的笑容很像站在舞台上的笑容。

到上课时间了,老师穿着舞蹈鞋,迈着特有的舞蹈步,大声地对还在换鞋的孩子们说:"快点换好鞋子和衣服,到拔杆上来。"

这里的气氛似乎非常严肃紧张,妞妞脱下鞋放在打成小方格的鞋架上,然后从大包里掏出紧身衣和舞蹈鞋穿上,她悄悄给小西说:"你今天没有舞蹈鞋,不要紧,你就先看吧。"

这时老师过来拉小西,让她先到拔杆那边跟着做一下,小西甩开老师的手说:"我不去。"

第五章 兴趣班

老师说:"那你就看看吧,下次如果学的话,交二百元,我们替你买舞蹈衣和舞蹈鞋。"然后她转过身拍着手大声说:"快点快点到拔杆跟前。"

音乐响了起来,有点像广播操,老师的声音铿锵有力:"一、二、三、四。"孩子们随着节拍做着动作,或者在拔杆上压腿,或者坐在地上,两条腿往两边伸开,或者跪在地上把腰往后弯。温娜低下头问小西:"你愿意参加这个舞蹈班吗?"小西说:"我喜欢跳舞。"温娜说:"这就是跳舞呀。"小西不再吭声。这个平时只要音乐一响就会随着节拍舞动起来的孩子,现在只是静静地看着,脸上没什么表情。一个小时的舞蹈课终于结束了,她们正准备往出走,听见妞妞大声给妈妈说:"你答应我跳完舞去吃麦当劳的。"妈妈说:"我是答应你了,但不是今天晚上。晚上吃了会发胖。"妞妞发起脾气来:"我就要今天晚上吃,要不然我下次再不来跳舞了。"妞妞妈妈坚持说:"说不能吃就不能吃。我给你说过,女孩晚上不能吃甜食。腰吃粗了怎么跳舞?"

妞妞开始用手捶打妈妈,声音里也带着哭腔:"坏妈妈。你答应今天晚上跳完舞吃麦当劳,说话不算数,我明天不弹钢琴了,我也不去画画,我什么都不学了。"

温娜站在一边有点傻,敢情妞妞根本不想来学跳舞,是妈妈用麦当劳把她哄来的。

最后妞妞抓着妈妈的衣角放声大哭,妈妈甩开妞妞的手不耐烦地说:"我这都是为你好。"温娜轻轻地拽了一下妞妞妈的衣袖,小声说:"就吃一次不会发胖的。"妞妞妈狠狠地说:"一次也不行。"这显然是说给妞妞听的。就这样,一行人不欢而散,妞妞大哭着被妈妈连拉带拽地

弄到了车上。小西一路上问了很多问题:"为什么妞妞要晚上吃麦当劳?"温娜告诉她:"可能妞妞晚上没吃饱。""为什么她妈妈不给她吃饱?""因为她妈妈怕她长胖了,不漂亮了。"说出这句话,温娜就后悔了,因为小西脸蛋胖乎乎的,小肚子也鼓鼓的。小西说:"妈妈,我比妞妞胖,可是我没觉得我不漂亮呀。"温娜没想到女儿会这么看这个问题,她感到很欣慰,孩子这样看问题就不容易自我贬低,不容易受到伤害,这比什么都重要。

她一路想着,难道为了孩子将来成为一个多才多艺的能人,就让孩子从小奔波在各种兴趣班之间,还要在孩子由于疲劳和不愿意学的时候连哄带逼地迫使孩子学下去吗?人都是有惰性的,总有烦的时候,如果厌烦了就放弃,那不是一生一事无成吗?据媒体报道说很多名人大师都是这么逼出来的。但反过来又想,如果一个人对一件事情很厌烦,一直被逼着去学习,又怎么能学成大师呢?

晚上小西睡了,温娜不甘心,又跟老公讨论起兴趣班的问题,老公揪了一下她的鼻子说:"一天瞎忙,咱丫头就胖胖的、傻傻的,将来无论做什么都能找到自己的乐趣,你没事想那么多累不累啊?"

温娜想想也是,自己又在焦虑了。其实,孩子将来不一定要有很多的钱,也不一定会很多的技能,但能诚实、自信、有良好的判断能力和很好的解决问题的能力,有良好的心态面对人生的挫折,始终满怀对生活的热情,这就足够了。

如果孩子从小就要为了将来成为一个能人而压抑来自生命本能的欲望,那人的一生也太苦了。一个人如果在这种不能够实现人的本质的权利、不能够享受生活的状态中长大,又怎么能对生活有热情?如果对生活都没

第五章　兴趣班

有热情了,舞台上的演奏结束、观众的掌声过后,这个人能幸福多久?如果孩子确实有天赋,自然成长为一个能人,当然是件好事;如果没有,就轻松幸福地做一个普通人,又有什么不好?

温娜决定带小西去各种各样的兴趣班看一遍,孩子喜欢什么就学什么,不喜欢就不学。她带小西看了围棋班、钢琴班、英语班、轮滑班……小西只对轮滑比较感兴趣,同意星期天来玩。温娜希望女儿能选择钢琴班,但她们去的时候,老师正在面色严峻地批评一个孩子,说他不好好练习,弹了几遍都错了,听起来与其说是有耐心,不如说是在忍耐。小西看了看说不想学。

看完钢琴班,温娜还是纠结了半天,想着小时候自己轻易就放弃了电子琴,如果不放弃就有机会在舞台上穿着白纱裙,坐在琴前,纤细的手指在琴键上飞舞,一脸陶醉的样子,但是小西就是一个字:"不。"

温娜很奇怪地问小西:"为什么你不想学钢琴?"

小西说:"钢琴太难了,我学不会。"

原来,刚才她们看到的老师训孩子的情景让小西也有了挫败感,觉得那是一件很难的事情,于是就没有兴趣再去尝试了。看来孩子在学习任何东西的时候,懂孩子的人刚开始应该让孩子觉得很容易,建立起信心,不应该为了让孩子弹好而让孩子一开始就觉得很难,产生害怕和挫折感。

美术老师做的那个作品,小西第一次去也不觉得难。因为老师教得很巧妙,他把对孩子的要求渗透在了轻松的引领中,把要教给孩子们的技术也轻松地以表达自己的形式展示给了孩子。孩子们学会了他的技术,并使用所学的技术自由创造,那个过程是先给了孩子学习的信心,又给孩子创

造了技术需求。

钢琴也能这样教吗？可能不行。钢琴老师那么严格，可能只有那样严格，才能教出优秀的钢琴家，老师是负责任的吧？美术老师可能不想教出什么大画家，所以才很放松，但是并不是所有参加钢琴班的家长都想让孩子成为钢琴家吧？温娜不得而知，她也不想逼迫自己的女儿去学自己小时候喜欢的东西。

她回家给老公说，自己很想让女儿学钢琴，想想女儿长大了，留着漂亮的披肩长发，穿着漂亮的白纱裙，坐在钢琴前，弹出优美的曲子，那是一幅多么让人陶醉的图画。没想到老公瞪着眼睛给她泼凉水说："如果你觉得那幅图景好看，你去学吧。等你学好了，头发也留长了，我们再给你买一个白色的婚纱穿上，坐在钢琴前，我找你崇拜的赵老师来把你画下来，这不就是美丽的图画吗？"

温娜都快要气死了，老公拿自己一本正经的理想这样打趣，她生气地跟老公说："不理你了。"

老公很认真地跟她说："你能不能消停一下，从给孩子找幼儿园到现在，你一直不停地在折腾。我小的时候，被父母逼着学这个学那个，还学过一段钢琴。父亲是个小学老师，他认为自己的儿子理所当然应该很优秀，这样才让他有面子，就总想逼着我成为一个多才多艺的能人。他经常举的例子就是贝多芬的父亲怎样把贝多芬打成了天才，如果没有父亲的逼，贝多芬就不会成为一个音乐大师，所以我从小就恨贝多芬。长大以后，有一次我查了一下贝多芬的生平，发现他从小就有非常突出的音乐天赋，父亲不打他，他也很喜欢弹琴。如果没有天赋，只有父亲的暴打，打死也成不了音乐家。所以不是每一个父亲学习贝多芬的父亲都能把孩子打成钢琴

第五章　兴趣班

家。如果不打算让孩子成为钢琴家，那么孩子小的时候就逼着孩子那么痛苦地去学钢琴，又有什么意义呢？难道就是为了让孩子讨厌学习、讨厌钢琴吗？"

老公没有读多少心理学和教育方面的书，由于对学习钢琴有切身的体会，这话说得相当有哲理，温娜也很佩服老公的灵性。虽然自己天天在钻研，但还是免不了想让孩子去实现自己小时候的梦想，看来懂得道理和真正去用，还是有很大距离的。

温娜总结了一下，小西选的课，都是不用怎么下功夫重复练的，跟玩耍差不多的，温娜也佩服这个孩子，怎么那么会选，选的都是舒服的，这只能说明自己的孩子没有那个天赋。比如说，如果有钢琴天赋，她可能觉得弹钢琴是最好玩的；有舞蹈天赋，她可能觉得跳舞是最好玩的。想到这里，温娜突然想，小西不会只有享受和玩的天赋吧？

温娜感觉自己竟然因为兴趣班的事开始对孩子不满了，这是一个危险的信号。她看过一本书上写着，如果父母对孩子不满的话，孩子就会感觉到父母的不满，就会认为父母肯定是对的，这样孩子大都会认为自己真的是令父母不满的人，并且为了证明父母是对的、自己是不对的，就去做很多更让父母受不了的事，就是所谓的出现了行为问题。她在心里一遍遍提醒自己要小心，不要掉进攀比的泥潭。如果孩子的学习热情在、生活热情在，将来孩子需要什么就会去学什么的。那时孩子才有学习的热情和动机，不需要他人逼迫也能学会自己想学的东西。父母只要给孩子提供学习的机会和平台就够了。

温娜记得以前看过的一篇文章里写到的关于诺贝尔文学奖得主大江健三郎的故事，大江健三郎在自述中提到他小时候很怕死，有次因病住院，

哭闹不休，不肯让家人离开。后来，母亲对他说："放心吧！若是你真的死了，我会把你再生出来！"

于是，他安心了。不久，他又很不放心地跟母亲说："假如将来的我生下来后，怎么会知道现在的我是什么样子呢？"母亲说："我把你所讲的话、所做的事，一件一件地记下来，叫他好好学你。"从此以后，他便开始注意自己的言行，不但不再惧怕死亡，而且充满期盼，奋发向上，做好自己的榜样。从这个例子可以看到，是母亲的爱与智慧成就了大江健三郎。看来，天赋只是一方面，最重要的还是父母的教育方式及对孩子的理解与爱。

孩子只要了解过这些兴趣班，知道有这样的地方在做着这样的事情，随着孩子慢慢长大，他们会产生要学习的愿望，那时他们会根据自己的需要学习，那样就不存在累不累的问题了。

温娜认为孩子一旦参加了这些兴趣班，也不一定非要坚持下去，孔子说三十而立，也就是说人到三十岁才确定自己的一生要做的事业。刚在学徒阶段的孩子，肯定会见异思迁，想要去试试各种周围其他孩子也会的东西。温娜记得自己小时候看到邻桌画画，也跟着画了几天；看到邻居家小姑娘用钩针钩盖桌子的布，自己也钩了两天，但都没坚持下去。

父母那时候也没有逼着她学什么就要学到底，而是不想学就算了。母亲是个大大咧咧的人，好像什么事情都不是那么太较真。但母亲对做饭非常感兴趣，经常翻菜谱或者看电视上的美食节目，然后上厨房折腾，一家人经常会因为一桌丰盛可口的饭菜笑逐颜开。

或许是母亲的基因作用，温娜从小就对厨艺特别感兴趣，怎样把凉菜拌得好吃，怎么搭配创造出一道可口又特别的菜。对她来说，下餐馆就像

第五章 兴趣班

别人看艺术展，大多数时间在研究那些点来的菜是怎么做的，回来的几天都在琢磨，然后做出一道自创的菜，隆重地端上餐桌等待大家的夸奖。每当这时，老公都会夸张地说："我们家如果开餐馆，我老婆一定是个好厨师。"不过温娜没有发展自己做菜的天赋，没有成为一个有名的厨师，但是这个业余爱好为家里带来了幸福的生活，也为她带来了快乐。

我们让孩子学钢琴、学画画，不是也没想让他们成为画家或者钢琴家吗？大多数妈妈的目的不也是为了让孩子的这些技能带来快乐吗？所以温娜认为其实对人来说，厨师的手艺跟钢琴的手艺都是一样的，只不过是领域不同而已。人类需要听觉的享受，也需要视觉和味觉的享受，关键是按照自己的兴趣去选择，学习的过程就是享受的过程，孩子挑选兴趣的时候肯定要试，只有试过才知道自己在哪一方面更感兴趣，试的过程肯定是一个选择了又放弃的过程。像妞妞妈妈那样，孩子只要学了就不许放弃，温娜认为过于残忍了。

温娜找到了这么多的理由说服自己不逼孩子去学习那么多的业余爱好，不逼孩子成为万能人，还有个私心就是，如果那样逼孩子，自己每天带着孩子奔波于各种兴趣班之间，那既苦了自己，也可怜了老公。老公每天回家都见不到孩子和老婆，老婆和孩子好不容易回到家了，又都精疲力竭，洗洗就得上床睡觉，这叫什么生活。

孩子上了小学之后，基本上也是早出晚归，晚上还要写作业，孩子只有六年可以自由自在地生活，为什么要给她剥夺了呢？想到这里，她不再纠结于上不上兴趣班了，好在小西所在的幼儿园是个多元化的幼儿园，音乐、美术、数理、逻辑、英语什么都有，孩子接触过了，将来就不会对它完全拒绝，就像孩子曾经尝过各种味道，再见了那种味道就会选择，而不

只是拒绝。

温娜把自己的观点拿到群里跟其他妈妈分享,有的人赞成,有的人反对。

从那次看过舞蹈班之后,妞妞妈见了温娜就有点客气,周末的扎堆会妞妞和妈妈都很少参加。据说妞妞妈对现在上的这所幼儿园很不满意,打算要转到另外一个快乐学习的幼儿园。温娜没有机会跟她深入交流,妞妞继续忙着奔波于各种兴趣班之间,温娜帮小西找到了新的朋友,日子又顺利地过下去了。

小西还是对妞妞念念不忘,但每个孩子遇到什么样的妈妈,度过什么样的童年,成为什么样的人,都是他的机缘。除非做父母的有那么一天真的能从孩子真正需要的角度去想问题,比如怎样才能确保孩子的一生有高的生活质量,怎样才能确保孩子有尊严地生活。

李跃儿 贴心话

很多家长为上不上兴趣班的事情纠结。我了解的情况是,其实家长也不想那么辛苦和孩子每天奔波在兴趣班之间,但为了能使孩子在上完幼儿园选择小学时有更多的特长,符合家长想选的那种好学校的要求,才给孩子报了很多的兴趣班。

有丰富特长才肯录取的小学,并不是真的要孩子多才多艺,只是因为想上的孩子太多,学校又没有那么多的名额,所以才找出各种各样的办法来礼貌地拒绝一部分孩子。对于这一方面来说真的是国情所迫,我们也不好做出可以上或者不上的评价。但是,如果家长对孩子的将来有信心的话,就应该知道如果孩子的身心是健康的,他就能够通过任何一个渠道让自己获得生存的本领,不只是上全国最好的大学,可能他将来

第五章　兴趣班

能上世界最好的大学；可能他即使将来不上什么最好的大学，也能让自己成为一个对社会和人类有贡献的人。但无论上什么样的好学校，都不要使孩子在童年因为学习而过于辛苦，这种辛苦很有可能会扼杀孩子这一生对学习的兴趣和对生活的热情。

第六章

chapter · 6

假如妈妈是幼儿园的老师

第六章 假如妈妈是幼儿园的老师

第一节 妈妈到幼儿园做义工

温娜已经厌倦了每天把时间安排得满满的,看上去似乎日子过得挺充实,实际上是自己在孤芳自赏式地打发日子。她觉得自己从小就喜欢文学,这些年又看了那么多的教育和心理学方面的书籍,对有关教育的信息和理论也非常关注,当同事和朋友们谈及孩子教育问题的时候,温娜的见解总是让他们耳目一新,豁然开朗。温娜发现,只要善于观察,设身处地,将心比心,小孩和大人一样是可以沟通与理解的。她觉得自己对那种发掘孩子内在优点、培养孩子健全人格的教育模式有比别人更深入的了解。加上在为小西选择幼儿园的过程中她对教育有了更热切的关注,觉得这是为他人为自己造福的事业,那些先进的教育理念,不仅引起了温娜的共鸣,有的时候更是让温娜激动得睡不着觉。怀着这种热情,温娜觉得自己为何不试着去做点什么呢,那样的生活不是更有意义吗?

一想到这些,温娜就激动。这天她干脆直接给小西的幼儿园打电话:"你们幼儿园需要人吗?能不能跟你们的园长说说,我可以去做义工,做什么都行。"

温娜终于约到了园长,园长告诉她:"在幼儿园以外看幼儿园可能是一个很美好的地方,但当你真正参与其中,有时候感觉可能并不那么美好,在你还没有修炼到能够把你工作中的痛苦看成是日常生活的一部分时,在这里工作你可能会失望。"

温娜觉得园长有点夸张了,不就是一群大人按照正确的方法在帮助孩子成长吗,怎么就那么容易失望?照顾孩子的事情温娜做了四年了,无论如何幼儿园的孩子要比刚出生的孩子好照顾多了,而且他们那么可爱,每

天看到他们，心灵就被滋养了，怎么会厌烦？回家的路上她想通了，园长干了这么多年，自己的孩子也长大了，可能不再喜欢小孩子，不再热爱这份工作了，才会有这种感觉。这样的想法使温娜更加好奇幼儿园的工作，更想亲身经历一下，她确信自己可以把这份工作当成自己的精神享受。

园长和温娜谈过后并没有马上答复。温娜想着那种精神享受的感觉，凭着对这种感觉的热情，她又找了几次园长。

有一次，园长给她看了几份求职者的信，这些信的内容好多跟温娜的想法差不多。

我有一个梦想，就是想能够全心爱孩子，和孩子静静地相处，所以我认为本人很适合贵园这样的环境，希望园长能给我一个实现梦想的机会，我将不胜感谢，如果可以我也将和贵园的每个教师一样全身心投入幼教事业。如果不需要，也希望有机会能参加贵园的培训，得到一些指导，我是真诚地想潜下心来研究和实践幼儿教育。

还有一封信里说：

通过这些年的亲身体会与不断总结，我觉得从事教育工作才是我真正想做的，也是最有激情的。我这次完全是慕名而来，也是对贵园的教育有所崇拜吧，总之我很希望贵园能给我这次学习和工作的机会，谢谢！

原来和自己一样的人还真不少，这也让她渐渐理性了一些，园长给她看这些信的目的，无非是让她不要凭一时的冲动，头脑发热做出选择。温娜觉得自己还是比较理性的，投身教育确实是她觉得最有价值、最有意义

第六章 假如妈妈是幼儿园的老师

也是最有热情的事情。

温娜问园长:"这几个写求职信的人,都被录用了吗?"

园长笑着说:"这就是我给你看这几封求职信的原因。这些人大都抱着很大的热情来到这里,但是很快就会感到失望。有些人在失望情绪的影响下,会变得情绪越来越大,最后就会在其他老师面前散播自己的不良情绪,对老师队伍造成很不好的影响,也破坏了园里的氛围。如果园里的管理层每天都把精力和心力用在解决这些老师的不良情绪上,就没有什么时间引领大家一起去完善教育和解决孩子的问题,所以后来我们非常谨慎地接纳这种有巨大热情要来搞美好教育的人。因为美好是靠很多辛苦甚至有时候还要受一些屈辱才能生产出来的。这些抱着美好愿望的人,在来之前压根没有想到这一层,所以他们的美梦在入职之后很快就会被打破。与其这样,还不如一直在外面做美梦,就像你可以站在池塘边欣赏美丽的睡莲,而不是跳到池塘里去帮助睡莲生长。"

李跃儿 贴心话

当家长惴惴不安地选择幼儿园的时候,对幼儿园越来越不满的时候,我们有没有想过"假如我们是幼儿园的老师"?当幼儿园觉得家长不好"对付"、家长太焦虑的时候,有没有想过"假如我们是家长"?可能大家都很难做到换位思考。如果出现问题的时候,家长先换位思考一下,或许会让心态更加平和;如果幼儿园也能站在家长的角度去看问题,也会更加理解家长的焦虑。这样也有利于解决孩子的问题,有利于幼儿园和家长的沟通。

第二节 从局外人到局内人

温娜最终被接收为幼儿园的工作人员。她被分在招生和外联的办公室，负责帮助这里的工作人员接听电话，但温娜不想做这份工作，她想到班里去和孩子们在一起，学习处理孩子们之间各种各样的问题，研究教育，她觉得那才是最有意义的事情。她去找园长，园长告诉她不可以。

园长的理由是他们招的所有的妈妈老师几乎都失败了，原因有三：

第一，妈妈老师虽然有照顾孩子的经验，但是她们无法在孩子面前保持理性的状态，过多的同情心和过多的移情，使她们很容易把一个不舒服的、有情绪有困难的宝宝当成自己的孩子，把过多的情感投入这个孩子身上，忘记了去帮助他们成长，也忽略了和孩子之间保持情感距离以便让孩子自己去解决问题，同时也忽略了班里其他孩子对老师的需要。

第二，妈妈老师到班里去，当发现班级其他老师对待孩子的行为和方式是自己不认可的时候，就容易联想到自己孩子身边的老师是不是也是这样，她们会忘记自己老师的身份，产生情绪投射，站在家长的立场上挑其他老师的毛病，最后影响班级气氛和老师群体的关系，影响班级的环境氛围。

第三，妈妈老师不能保证时间，孩子有病或者有点什么事就需要请假，看上去算班里的工作人员，但实际上班里不能把她们当一个人去用，所以每个班都不愿意要这样的老师。

这是什么逻辑呢？难道幼儿园的老师都不结婚生子了吗？他们就不会成为妈妈或者爸爸了吗？温娜忍不住问："那幼儿园的老师当了妈妈或爸

第六章  假如妈妈是幼儿园的老师

爸以后这个问题怎么解决？"

园长笑了，她说："幼儿园的老师是先成为一个熟练的老师才成为妈妈或爸爸的，他们进到教室马上就能找回自己老师的角色。先成为妈妈的人也是，一见孩子就变成了妈妈，这个很难改变。"

最后园长告诉温娜："如果想来工作只能做行政工作，而且不能让女儿知道你在园里工作。"

温娜吃惊地问："为什么？孩子知道妈妈在园里工作，内心不是更加温暖坚定吗？"

园长说："那会造成你的孩子在班里认为自己跟其他孩子不一样，不管她在任何地方活动，都会在心里感觉妈妈在园里的某个房间，时刻都想去找妈妈。有点问题就去找妈妈解决，而不是找小朋友和老师解决，当然经历很久的时间也许孩子会习惯，但是这份特殊感对你的孩子不公平，我们不想让任何一个工作人员为了幼儿园的工作而对自己的孩子造成不利影响。"

温娜没想到这里边还有这么多的道理，她只能认可园长的话，先从接电话做起。

负责外联的老师告诉她，外联工作就是联系本园的家长，了解本园家长的需求，协助园里解决他们的问题，联系和联络与幼儿园有接触的其他单位和个人，处理相关问题。外联能够直接解决的，就直接解决，不能解决的再找相关的负责人，以前的外联工作人员要离开，所以温娜要尽快熟悉这个岗位。

开始几天，温娜只是接了一些日常电话，把它记录下来，等着工作人员回来后把这些信息传给他们，由他们处理。

温娜每天检查家长反馈意见的信箱，回复来信，接听电话，联络各部门的负责人去回答或者解决自己听到的电话内容。温娜觉得这个园的家长非常配合园里的工作，而且他们的确对幼儿园很放心，在很长的时间里她都没有看到任何意见反馈以及带有情绪的意见和疑惑。

有一天外联负责人告诉温娜："你要做好准备，最近园里添了一辆班车，过一个月一批新的孩子要入园，还有一个班最近可能要走一个老师，这些事情都会带来家长的一些动荡和情绪，可能你要忙一阵子。"

温娜有点不以为然，能有什么事情呢？园里所有的安排都是尽可能照顾到所有孩子，而且经常开家长会听取家长意见，来了新班车和走了一个老师，这都是很正常的变动，会有什么大的问题呢？再说自己这几年读了那么多关于教育的书，在个人心灵成长方面也是非常注意积累的，只要自己用心去做，应该没什么问题。

要走的老师是麦子班的一个男老师，具体情况是这个男老师有几次对孩子的行为超出了幼儿园对老师的行为规范，被认为有暴力倾向。幼儿园在这方面要求非常严格，不要说有暴力，凡是有暴力倾向的，无论是玩笑还是真的，即使这个老师在其他方面很优秀，也会被辞退。

温娜听过一些这个男老师的情况，说他为人热情，工作积极，很爱学习，对教育有很多自己的想法，但可能由于自身经历形成的一些观念，使他很容易对孩子做出一些过激行为。他会因为孩子没有听他的话去弹孩子的脑门，孩子被他弹哭了。他解释说这是行为主义训练小动物的方法，让这个孩子感觉到当自己做出某种不良行为的时候，会有人让他感觉到身体不舒服和疼痛，这样的反射会让这个孩子放弃这些不当行为。有一次，他拉着一个孩子的两只手，让孩子腾空翻身，竟然把这个孩子的锁骨给弄折了。

第六章　假如妈妈是幼儿园的老师

园长和主班老师找他谈过几次，但因为他对这所幼儿园的教育理念不能完全认同而无法沟通。最后，园方因为他屡次违反规定又不接受批评而决定辞退他。

园长的理由是：幼儿园不能确定每个老师把握的分寸是什么，孩子没有能力保护自己，也没有能力表达，他们还没学会求助，所以在幼儿园绝对不容许任何有暴力倾向的行为。不要说用手指弹一下脑壳弹哭了孩子，就是试图或假装弹一下脑壳都不可以。温娜想，家长应该能够理解这件事情的，毕竟每个家长都希望自己的孩子是安全的，况且园方也是为孩子考虑才这么做的。但是这位老师还没有离开，温娜就收到了家长的询问电话："为什么麦子班的老师要离开，幼儿园不挽留他？"

温娜被告知一些园方的回答："这位老师还没有准备好继续做老师，他需要回去准备一下，等准备好了以后，他决定回到幼儿园，幼儿园会再接收他的。"

紧接着家长问："为什么幼儿园会认为他没有准备好？""因为他有一些违反教师守则的行为。"对方又问："难道有一次违反教师守则的行为就要被开除吗？老师经常这样换来换去对孩子没有影响吗？"家长的问题似乎一个接一个，温娜感觉一时无法解释清楚，只能被动地听着。接下来几天，温娜收到了来自家长的各种问题，有问班车的，有问老师的，有问伙食的，很多问题好像是突然冒了出来似的。

家长的情绪似乎越积越多。温娜找到园长，想了解一下园方的想法，以便给家长一个满意的答复。园长解释说："我们是一个幼儿园，主要的功能是帮助孩子获得良好的发展，我们需要把所有的力量和关注点都放在孩子身上，有时候就会忽略家长。我们做得不到位的地方我们会努力完善，

但幼儿园老师的流动性大是个普遍问题,我们的人员流动率比其他大多数幼儿园的流动率已经是低的了。保持这样的状态,幼儿园要付出巨大的成本和心力。至于人员流动和与家长沟通的问题,我们的做法是,当老师做出决定,办了手续之后,我们会向家长宣布。但园里有时会有一些突发的事情,加上正在某个繁忙的时间段,就无法及时向家长通告,这些问题只能通过开家长会和家长们沟通。"

以前温娜作为一名家长,也会找到幼儿园很多做得不到位的地方,心里很是不满。当时她觉得一个幼儿园怎么连这点事情都处理不好。现在,她也成为幼儿园的一名工作人员了,才发现老师和园里所有的人为了把每项工作做得更加细致到位,人人都忙得像陀螺一样,加班是常有的事。

如果一个幼儿园不追求质量,只要孩子不出什么大事,家长也看不出来,即使幼儿园不用那么忙也可以向家长交差。但如果一个幼儿园对自己的质量是有追求的,而且是有标准的,那就有忙不完的事情。因为每个孩子都有自己的特点,每个家庭养育孩子的方式都不同,他们一天天在长大,每天又会有新的问题。这些都需要根据实际情况随时调整教育的模式和方法。

家长们并不了解幼儿园的具体工作,有时候很容易为一些不重要的事情担心焦虑。

想想自己当初也是这样,每天担心孩子在幼儿园是不是受了委屈,是不是被欺负了,有了困难是不是不敢找老师帮助。现在自己要面对这么多家长的担忧,这让她有机会换个角度看问题,才知道幼儿园的工作是多么需要家长们的理解和体谅。

麦子班要开家长会了。每次这样的家长会,老师们都是做完日常工作,

第六章 假如妈妈是幼儿园的老师

抽出额外的时间为家长准备，从孩子情况的汇报，到问题调查解决后的答复。据说老师周一的晚上要准备孩子一周的工作材料；周二的晚上要开班会，讨论一周的工作和需要帮助孩子的具体方法；周三晚上要写报表，填写每个孩子每周要反馈给家长的内容；周四晚上是全体员工的内训时间；周五晚上有时候老师会为了园里的某个活动准备一些节目，或者上网站写写工作博客，因为网站和博客也是幼儿园向家长们展示教育的一个窗口，由各班的老师将自己班里孩子的状况和课程写成报道发在这里，供家长了解。如果每个班再多开一些这样的家长会，老师的负担就会又加重一些。

李跃儿 贴心话

幼儿园和家庭是两个不一样的环境，以家长的角度看幼儿园和在幼儿园工作看幼儿园也是两个不同的角度，家长和幼儿园应该尽可能地互相理解和互相信任，才能共同为孩子们打造一个安全有营养的精神环境。由于很多人在童年时的环境不太理想，作为儿童期的信任感和被信任感都没有建构好，又由于社会上人们的信任危机，太多的幼儿园出现的虐童事件，让家长一上来就信任幼儿园和幼儿园老师是一件很难的事。即使这样，有的幼儿园为了孩子的生活环境和老师教育的自然和自信，为了避免家长对老师正常教育行为的误解，他们宁可遭受信任的危险，也不愿意在教室中装置摄像头，而是根据这个幼儿园的口碑和老师的状态、孩子的状态做出判断。

一个真正为了孩子发展、保护孩子的幼儿园，不会为减少家长的工作困难而选择损害孩子发展。比如，文中这个园的孩子是自由选择工作，不是老师组织孩子上课，这样的幼儿园就不能经常大量地让家长来观摩教学，因为教室中多出很多大人，这些大人又跟很多孩子是亲人关系，

就会使孩子把注意力放在大人身上，家长的参观也打乱了孩子正在建构的秩序。一次家长开放观摩日后，孩子很久都不能安静下来去做自己的事。

幼儿园是一个帮助孩子成长的地方，有很多时候老师需要等待孩子的成长机会到来，如果老师等不及孩子有能力去解决自己的问题，孩子就只会古板地使用老师教给他们的办法，孩子的自我主动性和解决问题的能力，以及对自己的自豪感都无法发展起来。而家长在老师等待一个孩子向老师求助、要求被帮助擦鼻涕时，可能会认为老师没有及时给她的孩子擦鼻涕是不负责任，于是不断地产生不良情绪，这些不良情绪又反过来影响着孩子。

又如一个孩子总是用哭的方式来解决问题，这对孩子在群体中被接纳和被需要都会带来阻挠，老师要解决这个问题就必须帮助孩子发现哭的方式不好用，转而使用老师展示给他们的更好的办法去求助于别人，这个过程就是真正的儿童教育，家长要理解这一点是很不容易的。幼儿园教育是帮助孩子进行良好人格建构的教育，但还没有对幼儿教育有所认识的家长可能对这些教育会产生误解，误解一样带来了无谓的消耗，浪费着孩子的教育资源。家长为了自己的孩子能得到真正的帮助，需要学习理解幼儿园的教育行为。

一个好的学校，不会把精力过多地放在愉悦家长上。教育是一个消耗老师巨大精力的行业，如果老师为了让家长满意，就有可能会把幼儿园与其他服务行业等同起来，把精力放在对家长的服务上来，而幼儿园的资源和成本决定了幼儿园不能超出预算太多，家长所用的资源有可能是从孩子那里抢夺来的，这样幼儿园就成为一个以孩子为媒介，通过为家长服务获得好评的盈利机构。

家长一定要头脑清醒，搞清楚自己到底为什么把孩子送进幼儿园。

第六章　假如妈妈是幼儿园的老师

第三节 面对家长的问题

就在解决这件事情期间，新的班车来了，园里对班车进行了统一的调整，有的地方换上了新班车，有的地方还是老班车。

班车问题又成了家长来电话的主要内容，坐新班车的孩子家长焦虑的是新班车会不会有污染，晾晒通风的时间够不够。有些家长直接拒绝坐新班车，要求再换回原来的老班车。有的没有坐到新班车的孩子的家长，意见也非常大：说不公平，凭什么交一样的钱，让他们的孩子坐旧班车。

温娜去后勤主管那里了解了一下，主管告诉温娜，他已经跟有意见的家长沟通过了。其实车的质量都很好，所谓的老班车也是一辆买了不久的性能非常好的名牌车，新班车在开车的时候窗子会打开，车内一直是通风的，如果家长担心可以先不坐，等认为安全了再坐。

有一天，有个家长又打来电话说班车的问题，温娜把自己了解到的情况向她做了解释，并说这个问题园里需要统筹考虑。没想到对方突然质问她："你是什么意思，难道我们的孩子就不该坐新班车？"

温娜一听对方有些激动，为了缓和一下气氛，她轻轻笑了一下，准备安抚对方，谁知没等她开口，对方就说："你觉得可笑吗？"

温娜说："不是不是，我只是想让我们彼此都轻松一下。"

对方说："我天天上班都在担心孩子坐车的安全，我能轻松得起来吗？"

这种质问让温娜有点不知所措，只好说："对不起，我是不应该笑，没有体会到你的心情。"对方又说："换作你，你能笑得出来吗？"温娜

感觉自己的脊背在出汗,她不知道怎么才能把这位家长的情绪稳定下来,于是她索性说:"我刚才笑也是因为我自己有点紧张,想放松一下。"那位家长口气似乎缓和一些了,说:"你也不必紧张。"温娜赶紧又说:"我会把你的担心反映给园里,希望能解决你说的问题。"家长说:"不是希望,是一定。"温娜为难了,难道一个幼儿园的车辆配备要听一个家长的吗?幼儿园要做的是尽可能地照顾到所有孩子和家长,但她又不能这么说,只好说:"我一定把你的想法反映上去。不过我听说我们的车队主管和你解释过这件事。"

那位家长说:"没有。"

温娜说:"我听他说和你通过话的呀。"

家长语气又激烈起来,说:"那你来查一下我的电话记录吧。"

温娜一听,连忙说:"对不起,我不是那个意思。我会把你的意思和园方说清楚的。"她又一次强调。

家长又说:"我们交一样的钱,为什么我们的孩子要坐旧车,别的孩子可以坐新车?你信不信,我会联合其他家长向你们反映问题的,他们都和我的想法一样。"

温娜只能听着,没有说话。

那个家长继续说:"冬天那么冷,我们天天带孩子等车,时间长了谁都受不了。"

温娜说:"我理解,每个做父母的都会心疼孩子的。"说着,温娜又习惯性地笑了一下,她连忙解释说:"对不起,我又笑了。"当温娜说完这句话,一旁正在忙的几个同事都扭过头来很惊讶地看着她。

终于可以放下电话了,大家很好奇地问她为什么连笑也要说声对不起。

第六章  假如妈妈是幼儿园的老师

温娜把电话的过程说了一遍,所有的人都笑了,说温娜太厉害了。温娜有些莫名其妙,自己背上的汗还没干呢,不过经大家一提醒,仔细想想刚才电话里自己的反应,她自己也笑了起来。她不知道一个老手会怎样处理这样的电话,如果天天都有这样的电话,那个做外联的人神经一定要粗壮些。

第二天果真有两个家长打来电话,说着跟前一天家长一样的问题,只是语气没那么咄咄逼人。温娜凭这些天做外联的体会,觉得大多数家长其实是很愿意配合园方、信任园方的,但是一个幼儿园那么多的家长,总有几个是有特殊想法和特殊感受的。温娜觉得自己也挺光荣的,一个人去倾听这些情绪,就不用小老师们再花费精力去面对了。老师们的情绪没有受到干扰,就等于保护了孩子们的生活环境,温娜觉得自己的工作还是挺有意义的。

温娜发现,家长的情绪是连锁的,一个事件会引发一段时间家长的情绪和心理的不稳定,平时积压的一些情绪就会集中在这段时间表现出来。

当然也有园里找家长的时候,如哪个孩子的状态总是得不到改善,或者是园里认为某个孩子的某些特殊状况有可能是家庭的养育环境有问题,也会联系家长来解决。

这所幼儿园对老师的要求也很高,对老师的培训和提升抓得很紧,也时刻关注着老师做得不到位的地方。老师们一面为自己是这所幼儿园的老师而自豪,一面又因为这所幼儿园要求过高而感觉到颇有压力。有些老师在经历了艰难的适应期之后离开了,他们宁肯去当营业员或者服务员,也不愿意再做幼儿老师。还有些老师每天乐此不疲,无论多么辛苦、多么艰难,都享受其中。这些人给了温娜很大的信心,她觉得自己也应该成为这样的人。

宝宝入园那些事儿

  这段时间的工作让温娜体验到，正所谓有人的地方就会有是非，不知道在地球上有没有完全美好、完全高尚的人群。在这个传说以美好家长和美好老师著称的幼儿园里，同样有人与人之间的冲突和人们自己内心的冲突，以及人类所有的美好和不美好，这可能就是人的社会性群体的特征。

  不同的可能是：有的群体因为有不美好的事情，大家会共同努力去创造出美好；有的群体有了问题，又没有得到及时解决，问题会越积越多，幼儿园氛围就变得很不舒服，在那里工作的人也很不舒服，这样孩子就危险了。总之，孩子们需要一个充满关怀的、温暖的、美好的、艺术的人文氛围。只要人们有意识地去营造这样的氛围，孩子身上就会带有这些元素。将来无论环境怎样，他们都会去创造美好。

  其实，创造美好东西的人需要让自己延迟满足，就是向往着那个美好的结果，去面对种种的不美好。就像我们要给孩子一个良好的人文氛围，以便他们将来怀着关爱的、尊重的、人性的世界观去生活，我们必须付出更多的心力和精力，去感染周围的人跟我们一起营造氛围，跟我们一起来承受艰苦的工作，才能做出美好的产品。认识到这一点，温娜更加为自己所做的这份工作感到自豪。

李跃儿 贴心话

  幼儿园像一片池塘，这里生长着老师、孩子和幼儿园的行政工作人员，他们每天在忙着什么，他们在关注着什么，他们怎么看待家长和家长的疑惑，这一切家长都不甚了解；孩子的家庭是另外一片池塘，这里生长着爸爸妈妈、爷爷奶奶和孩子，他们每天是怎样在互动的，针对孩子在幼儿园的生活他们的感受是怎样的，他们是看样看待幼儿园的，他

第六章  假如妈妈是幼儿园的老师

们为什么有那样的担心和疑惑,这一切老师也不甚明了。所以,创造家长和学校老师深入沟通的机会是非常有必要的。如文中的温娜,如果真的到幼儿园来工作,她就会换一个角度来看待自己以前的焦虑和烦恼,这对幼儿园和家长来说,都是一个非常好的成长机会。

对于孩子还没有入幼儿园,孩子还不属于任何一个幼儿园的家长,如果想要深入了解幼儿园老师的工作细节、老师对每个孩子问题的解决方式、老师的工作态度等方面的情况,是很难通过幼儿园内部平台得到沟通的。家长要想得到这些消息,就必须采访在园孩子的家长,通过多次咨询或在允许的范围内观察老师的工作,才能够根据自己观察到的相关信息,做出一定的判断。

幼儿园毕业了

第七章
chapter·7

第七章  幼儿园毕业了

第一节 珍藏美好的回忆

八月底，小西的幼儿园要给今年毕业的孩子举行毕业典礼，作为幼儿园的工作人员，温娜参与了毕业典礼的筹备工作，老师们提前很长时间就在一次工作会议上分了工，温娜的工作是为毕业典礼准备场地。在温娜的记忆中，自己幼儿园毕业之前好像练了很久的节目，老师每天沉着脸对孩子们呼来喝去，孩子们很害怕。老师教的动作又很难，孩子们老做不好，一遍遍的练习让温娜觉得既无聊又压抑。不知小西幼儿园的孩子是怎样准备节目的，反正去年的毕业典礼，孩子们的演出都很认真，但并不紧张，做错动作或说了节目中没有的台词，都会引起善意的笑声，就像在家里做游戏一样轻松好玩。

演出前的那个上午，老师们早早来到会场做准备。学前班的老师早已把孩子从进幼儿园到现在的每个时间段的照片按从上到下的顺序镶在从宜家买来的长影夹里。这时布置舞美的老师已经把幕布布置完毕，温娜看到学前班的一个老师拿起一个孩子的影夹，忘情地注视着，然后将它挂在后幕布上。在拿起下一个孩子的照片时，老师偷偷地抹去了一滴流到脸上的泪水。温娜心中一热，眼里也充满了泪水，看着照片夹上段脑袋鼓鼓的宝宝，到了照片夹的下段，就变得像模像样了，从他们的笑容中能感觉到明显的精神内涵。

这种内在的东西倾注了多少老师和家长的心血。在孩子成长最关键的这几年里，家长经过了多少个日夜的纠结和困扰，也经历了孩子成长的喜悦。老师们也在三年的时间里，多少次为孩子的点滴成长而尽其所能。今

天孩子们就要毕业了,他们的人生经验还不足以理解离别的意义,老师们互相提醒:为了不要感染孩子,不要让孩子认为离别就是要哭,为了让孩子高高兴兴地离别,所以坚决不哭。

温娜已经理解,老师们绝不会为了表达自己的感情把孩子一把搂在怀里大哭,那样就等于捆绑了孩子的感情。

温娜还记得刚来不久时有个小老师对她说的一件事。当时是北京的十月份,天气有点冷,孩子们都在睡午觉。这个小老师睡在孩子身边,睡着睡着,老师感觉身边的小身体在动,原来孩子醒了,她没有说话,只是用她的小胳膊把老师的头抱起来,把自己的枕头塞在老师的头下面,又把自己的被子盖在老师身上,再朝老师笑笑,然后自己凑上前去,紧紧贴在老师的怀里睡下了。

小老师说,孩子的那种心意,特别单纯,毫无杂念,喜欢你,爱你,就是靠近你,就是想用她的小身体温暖你。温娜听着,脑子里就浮动着一个孩子依偎在老师怀里睡在小床上的样子。她似乎能听到孩子轻轻的呼吸声。这样的事情太多了,老师就将孩子们在幼儿园的那些经历刻录成光盘,每个孩子的纪念包里都装有那张纪念光盘和这几年成长的相册。

和往年一样,在园长简短的讲话后,毕业演出开始了。家长的节目是妈妈们美丽的舞蹈和爸爸们的诗朗诵,爸爸们朗诵了一首自己写给孩子的很温情的诗:

每一个孩子,

都是一个鲜活的生命,

你们不为我们而来,

第七章 幼儿园毕业了

> 也不为我们所有,
>
> 两千多个日夜,
>
> 你们的第一次哭,
>
> 第一次笑,
>
> 第一次学会翻身,
>
> 第一次叫爸爸妈妈,
>
> 每一个瞬间,
>
> 都让我们的心幸福充盈。

是啊,孩子们的每一次不小心摔倒,每一次午睡醒来,他们第一次骑车时摇晃着的小小的身影,奔跑时的汗珠,睡觉时轻轻的呼吸,流着鼻涕的抽泣,都是老师们、父母们今生难忘的瞬间。

节目演完,在孩子和家长的歌声中,老师们抬上了两个圆桌,温娜在舞台上帮助演员收拾道具。当桌子上摆上红蜡烛,家长领着自己的孩子点燃蜡烛,又领着孩子来到老师面前,接过老师递过来的成长相册和纪念包时,和老师紧紧拥抱。温娜看到,家长和孩子们都忍不住流下了不舍的泪水。

所有的孩子都点燃了自己的蜡烛,他们是那么的从容而坚定,那么势不可当地长大了。他们的脑袋不再大大鼓鼓的了,他们不再走天线宝宝的步伐了,在我们偶尔再想让他们回到宝宝的时代时,他们宽厚而沉静的微笑,让我们变成了幼稚的"宝宝"。我们无法由于我们的需要将他们留在我们的身边,他们不可避免地长大了,我们可爱的孩子。

爸爸妈妈们牵着孩子们的手,穿过老师们用手臂搭起的长长的隧道,

一起唱着那首孩子们在三年里听习惯了的再见歌,离开会场。不远的将来,相信家长们会跟孩子一起保存这段美好的记忆,并带着这段美好的记忆开始他们人生的新历程。

李跃儿 贴心话

人生是一个无法重复、不可复制的历程。为孩子珍藏起这段童年时光,他们的哭和他们的笑,将是孩子心中人性光辉的火种。

第七章  幼儿园毕业了

第二节 即将成为一年级的小豆包

小西到9月份要去上幼儿园的学前班。温娜又该考虑女儿上小学的问题了。温娜在论坛上看到一些幼儿园大班为小学学习做准备时孩子的情况和家长的焦虑。

儿子今年九月份刚上大班,上的是一所私立幼儿园,三年中已经换了好几个老师了,当然大班也不例外,也是两个新老师。但是其中的一个英语老师在小班曾经带过他,所以还是认识的。由于是上大班了,所以老师在要求孩子方面和中班一定是不一样的。首先,好多事情要求孩子自己完成,这是为了锻炼孩子的自理能力;其次,在课堂上要求孩子必须端正地坐好,不许和边上的小朋友说话。但是儿子不知道怎么了,总爱和边上的孩子说话,坐没个坐样,上课还总不愿意听老师讲课。在今天的家长会上老师对我说,你儿子是班上最懒散的一个,还把老师的提醒和批评不当回事,班上所有小朋友都在进步,可就是他还是那个样。儿子上课走神、说话,坐也不好好坐,每次老师布置的作业也都忘了,我以前只顾着让他玩了,兴趣班也没多报,也没怎么给他立规矩,现在要他再改过来真是太难了。现在我真是着急啊!不知道该怎么教育他了,看了不少书,可现在觉得不知道该怎么做了,请各位有经验的妈妈多提宝贵意见,让我参考一下。

儿子五岁,是大班年龄。自从到了这个班我就开始头疼。老师说在大多数家长的要求下,开始教数学、拼音等课程,在上学前教一些必要的知识我是赞同的。问题是儿子属于极其好动型,注意力难集中。通常老师讲完课,布置小朋友做一些写字或算术的题目,他总是因为没注意听不会或者根本就不愿坐下来写那些东西,老师经常要给他开小灶,因为这个也经常被老师投诉。

宝宝入园那些事儿

昨天我接他，老师又对我说该写的拼音没写，让家长晚上督促他写完。这下可好，晚上一对一地教花了一个小时才算写完，就写个a、o、e，人家a死活不会写，教了半天才算写出个样子。难道真是儿子太笨了？人家的孩子怎么在课上就能写完，他回家还要这么费劲地教？还是家长的督促不够？

我不知道幼儿园大班应该掌握多少，以我的理解会十以内加减法、会写数字、认识一些汉字就行了（儿子现在也能做到这点）。可这个班刚开学就已经教到竖式加减法，也开始写拼音了。老师说到明年要把乘法教完，并说别的家长回家都额外要教孩子的，意思是嫌我们对儿子太放松，说大部分家长都希望幼儿园教得越多越好，没有像我这样的。

我现在很矛盾，如果要儿子赶上进度，那我每天都要逼着他学，否则就要不断地听老师的投诉。所以想请教一下大家，如果是我的问题我改正，如果是老师的问题我将会考虑转园，我实在不想每天有这么大压力。

温娜发现，大多数人的想法是，社会竞争是逃不过去的，不是我们想要时刻绷紧发条，而是大多数人时刻绷紧着，社会资源就那么多，机会总是给有准备的人，未雨绸缪永远不过时。可能家长在孩子上幼儿园前期只关注孩子在幼儿园情绪是不是很好、吃饭睡觉好不好等，对于学习还不太在意。大多数人回家也不另教。但是现在，父母们开始思考：

1. 如果逃不开应试教育，如何去适应？

2. 完成学校的学习任务是不是孩子必须且应该承担的生命的任务？如果是，就一定要他形成这样的信念。父母也要坚定态度，无须对孩子的学习任务"同情之心溢于言表"，否则对孩子无益。

3. 孩子长时间地处于学习落后或挨批状态，一定会影响自信，因此，

第七章  幼儿园毕业了

怎么说也得弄个中不溜，至少不能被老师盯上。

有的家长想知道大班孩子到底要掌握多少内容，如果必须是家长额外开小灶才能跟上，那进度是不是太快了。有的幼儿园并不要求孩子掌握那么多内容，如果上学前就把乘法都学会了，那孩子上小学一、二年级的时候学什么呢？

有的孩子上大班的时候，已经要求会编应用题了，拼音也教了不少，数的分合也会一点。温娜觉得，一般来讲，上课专注的孩子，老师教的东西至少会掌握个大概，不至于太落后。

孩子总跟不上趟，肯定是学习能力出了问题。这些能力和学习的内容关系不大。如果孩子从零岁到五岁都没有得到很好的成长帮助，没有人引导他们养成良好的习惯，那么孩子就可能会在上学后出现各种各样的问题。

如家长在养育孩子的过程中采取完全放任的方式，孩子上学后就可能不适应课堂要求；如果孩子一直只对大肢体运动感兴趣，没有人引导他们去做智力性的工作，孩子上学后就可能对坐在课桌前思考几加几等于几不感兴趣；如果孩子从小就被要求坐在凳子上用大脑学习，他们就在心理上留下了动的欲望，或干脆完全不再需要动；如果孩子在成长过程中，一直被干涉被打扰，不能安心完成自己要做的事，孩子上学可能就会不专注，没有耐力。虽然这些问题不可能都是同一原因造成的，但孩子没养好，到上学时孩子就不能适应课堂生活。这时家长很容易认为这些现象是孩子贪玩，不爱学习造成的，觉得必须要严加管教才能解决问题，于是就去折磨孩子。这可能是雪上加霜，不但解决不了问题，还会给孩子带来低自尊和其他永久性的心理伤害。

从这一点来看，学前准备，学不学珠心算、学不学奥数并不是最重要的，

养成良好的习惯，培养学习热情和适应学习生活的能力才是最重要的。

对于小西幼儿园的孩子，只要早一点训练孩子自己整理书包、削铅笔、记住老师的要求、回家自己完成作业，上小学应该没有太大的问题。小西在这些方面让温娜很放心，这个孩子的专注和独立能力都很强，这一点温娜不担心。温娜有点担心的是，上小学以后别的孩子都会的内容，小西不会怎么办，会不会让孩子觉得自己很笨，会不会由此讨厌学习？如果在学校里得不到老师的肯定，像现在有些孩子的父母那样，三天两头被老师叫去训话，那是最令人头痛的事情。

温娜又想，那些适应了幼儿园规矩和教师权威的孩子，就能保证适应今后的小学吗？想想如果学习的能力没有培养起来，也没有发现学习和探索乐趣的话，恐怕很长时间里孩子都会缺少对学习的热情。

如果孩子的快乐是实实在在的，在幼儿园期间没有学习拼音、算术并不是不学无术。对群体的感受以及社会性的能力是一个人一辈子都离不开的。如果学会了怎样交朋友、怎样与人沟通、了怎样照顾幼小、怎样躲避强大的威胁、怎样与陌生人交流，等等，这些东西应该对孩子的一生有益，当然包括学习，包括适应。思来想去，想想小西现在的状态，温娜觉得不必多虑。

自从有了孩子，温娜就希望自己的孩子健康快乐地长大，岂不知，面对现实的时候，却有着数不清的变数，一路上磕磕碰碰，每一次的挫折都让温娜用尽了全身的力量。

想想小西刚入园时的哭声，似乎现在还响在耳边，让温娜心痛。如果自己当初就知道入园焦虑的道理，以及自己的心理对孩子的影响，一定会少走很多弯路，那段日子也会更顺利些。就因为自己当时对教育了解得太

第七章 幼儿园毕业了

少,对自身的心理也从来没有过一次认真的自检,以至于当时小西的哭声差一点让自己崩溃。

温娜还记得小西刚出生不久,有个朋友来看她,给她推荐那些怎样养育天才的书,当时看到书中描述的那些孩子的成功让温娜很羡慕。还有中国的很多家长,相信棍棒底下出孝子,说什么要给孩子好心,不能给孩子好脸,有的人可能真的"出人头地"了,就更加固执地认为上一代的教育方法是对的,直到自己的孩子出了问题才后悔。温娜也挣扎在一次又一次的焦虑和痛苦中,也曾对内心的无力感不知所措。有时候,她似乎知道自己的问题在哪里,但又没有办法控制。有时候,看着孩子摇摇晃晃路也走不稳的样子,她很迷茫,不知作为成人该为孩子做怎样的准备,才能使孩子具有面对人生困境的力量;也不知道父母该做怎样的提升,才有能力为孩子做好准备。幸亏自己的老公能及时反省自己父母的教育方式问题,才和温娜一起,让小西成长得快乐、阳光。

现在看到小西的成长,她很庆幸有一个能理解自己的老公,遇到了热爱孩子理解孩子的老师和有着同样信念的家长,还有网上那些未曾谋面的朋友。在这样的气场中自己渐渐获得了一种提升自己的能力,自己也在一次次的焦虑和困惑中觉悟,并突破困境使自己越来越清楚该走的路,越来越感觉到了来自内心的力量。

温娜发现只有自己有了力量,孩子才会有力量。自己内心的问题解决了,孩子才越来越阳光。回过头去想一想,那时候脆弱得连自己都很难想象。现在,温娜知道自己该怎样生活,知道自己需要什么,适合做什么,再也不像没孩子时那么好高骛远,也不像那个时候那么容易迷茫痛苦,不知道路在哪里了。幸福原来可以那么简单。这种感觉真好啊。孩子可能真的是

上帝给人类的礼物,让父母从最初的只为温饱而生活的人,成长为一个真正懂得爱、懂得包容、懂得生命的人。

小西每天高高兴兴地整理好自己的床铺,头天晚上就准备好了第二天要穿的衣服。有几次温娜回家晚了,虽然提前打了电话给家里,但还是怕女儿一个人在家无聊或着急,急急忙忙赶到家里,看到女儿一个人在家里画画,整理屋子,甚至把米饭都做好了,才发现自己的担心很多余。当然,毕竟是孩子,有时候她也会要这个要那个,可如果妈妈说明原因不能买的时候,她也很容易接受结果。

每次和爸爸妈妈出门,无论是遇见小朋友还是老师,小西总是远远地就招呼上了,遇到不高兴的事情发脾气的现象也越来越少。有一次小西对妈妈说:"妈妈,有个计划真好,每天把计划完成的感觉真好。"原来,小西上学前班不久,就用一个小卡片把每天要做的事情写在上面,不会写的字就用画来代替,小卡片做得很精致,四周用彩纸弄成一朵朵的小花,小花不是粘得很紧的那种,稍一动还会像被风吹过一样微微抖动,很逼真。当时温娜以为女儿就是做做好玩的,后来才发现是小人儿搞的计划卡片。

在外面玩的时候,小西会捡各种各样的石头松果之类的回家,但每次玩过之后会把这些东西归类放好。

有时候在外面走路久一些小西会喊累,不愿意走得太远,可能与平时耐力的锻炼太少有关,城市生活让人越来越封闭了,孩子们玩的圈子多半限于家庭与家庭之间,偶然到城市里的公园也无法一群孩子一起撒欢。小西所在的幼儿园正在考虑给孩子们多安排一些锻炼耐力的活动。

九月小西就要上小学了,温娜想先带小西去看看小学是什么样子,让小西有个心理准备。她跟着几个考察小学的妈妈带着女儿去看了几所小学,

第七章 幼儿园毕业了

小西一副很有兴趣的样子。有一次去书店买书，小西一脸期待地说："妈妈，等我上了小学，我就可以看懂这些厚书了，这上面的字我就都能认识了。"

温娜和女儿一起把不再玩的玩具收了起来，把女儿制作的计划表做成活页的，方便更换。

温娜还买了一些适合小学生读的文学性儿童故事书，每天读一点故事给女儿听。

学前班也按照小学的规律度过每一天，比如上课下课的演练：上课时学习写字、认字、画画，下课时间就喝点水、活动一会儿。女儿开始时觉得上课的时间有点长，温娜便倾听她的抱怨，然后坚决把她送到幼儿园。温娜知道孩子会适应的，从玩耍的生活变成学习的生活，小西是会有难受的感觉。每当这时，温娜就保持平静，用自己的状态告诉孩子，这就是生活，我知道你的感受了。

在上小学的练习里，温娜每天适当地给女儿布置一点作业，她发现女儿做作业很认真也很专注。

在幼儿园的学前班里，专门设有消防安全课，怎样拨打急救电话、匪警、火警等，还专门排练一些情景剧让孩子提高自我保护意识。所以温娜对女儿的安全意识和自我保护意识也比较放心。

温娜带小西去参加了小学的面试，她发现小学面试其实也是走个过场，老师并不为难孩子，只是问一些常识性的问题。而温娜自己的心态很放松，她觉得无论上什么样的小学，小西现在的身体状态和精神状态以及生活习惯，都是让她放心的，加上自己这些年来已经不再为这些事情焦虑了，所以小西虽然刚去的时候因为陌生有点紧张，但马上就适应了，面试的时候很大方很自信。

马上要上一年级了,小西似乎已经接受了这个事实,并且很高兴也很期待开学的到来。

即将成为小学生了,温娜相信,无论年龄怎样增长,无论将来做什么工作,在关注与尊重的环境中长大的孩子,在以后的任何环境中,都有让自己幸福的能力,都有力量找到自我的定位和人生的方向。

李跃儿贴心话

孩子如果上的是以学习文化知识和小学应试教育完全一样的幼儿园,就不存在幼小衔接的问题,孩子在上小学之后,也没有太多的不适应。如果孩子上的是一个跟小学应试教育不同的幼儿园,就需要适当地为孩子准备一下与小学接轨的问题。比如作息时间的问题、写作业拖拉的问题、情绪管理的问题、社会性能力培养的问题,等等。其实,幼小衔接也不是要把小学课本的内容学会,而是引领孩子进入对学术领域的探索和对学习生活的热爱,为孩子将来十几年的学习生活打下一个良好的基础。所有的适应或者说衔接,都是为孩子一生做准备的,如果孩子的专注力以及对学习的兴趣没有被破坏,社会性能力也建立得很好的话,孩子面对任何环境,都会适应得很好。

尽管如此,孩子在上小学之后,还是需要一段时间的适应生活。在这个适应过程中,孩子会出现一些不适应的现象,如完不成老师的作业,字写得不够快,书包整理不好,上课忍不住说话。在老师严格的要求下,孩子有可能会在一段时间里不喜欢小学,这都是正常现象。与适应幼儿园一样,适应的过程是一个人一生必须要经历的过程。这种经历对孩子是有益的,这就是成长的烦恼。

第七章 幼儿园毕业了

第三节 父母放松的心，是孩子最好的成长阶梯

小西所在的幼儿园，孩子从入园就没有正式进行过课堂学习，没有专门学写字、认字，也没有像小学课堂那样让孩子背乘法口诀、学算式，只是通过游戏的方式让孩子们对数理逻辑有一定的认识和理解。但国内一般的小学，大多数学校一年级的学习内容都超出了一年级孩子所能承受的深度和数量。很多幼儿园为了满足家长的需要，在幼儿园阶段就把小学一、二年级的课程学了。他们的孩子在入小学的时候，拼音已经全会了，识的字能够读报纸了，写字也非常熟练。所以，小西的幼儿园为了让孩子们上小学后能尽快适应小学阶段的学习，为孩子们设立了学前班。

听说在英美国家，小学四年级之前都是在为学习做准备。而在我们国家，小学的准备是幼儿园来做的。

温娜发现，一些具有先进教育理念的国家，小学是极其宽松的，根本不需要什么提前准备。对孩子来说，这种提前准备，只能是剥夺他们本该探索世界获得直接经验的宝贵时间来学习知识，这种做法对孩子是个很大的损失。

小西所在的幼儿园的家长在享受了几年的放松之后，眼看着自己的孩子一点一点变得自律、自尊、自信，身上散发着人性的光辉，却又开始为孩子上小学焦虑。

有的家长认为，孩子已经度过了几年快乐的幼儿时期，应该开始刻苦学习了，所以一定要让孩子上最好的学校，而这个城市的这类学校是要进行入学考试的。

据说这些公认的最好的学校要考这样的题，口算："在一只鸟前面飞着三只鸟，后边飞着两只鸟，左边四只鸟，右边六只鸟，一共有多少只鸟？"

还有："一个车库里面有两辆车，开进去了三辆车，又开出来两辆车，里面还有几辆车？"

温娜在想，这些绕口令一样的口算题，除了把孩子的脑袋绕晕，让孩子觉得自己有多么笨，对人类生活有什么实际意义呢？在孩子将要进入的一个漫长的学习历程之初，就让孩子觉得学习是一件非常难的事情，对孩子又有什么好处呢？没有哪个教育者认为孩子在入小学之前会算那些杂技一样的算术题是有必要的。

有些家长担心孩子不能适应应试教育的课堂，影响孩子的身心健康发展，于是准备给孩子选择一些更加宽松的跟幼儿园教育理念比较接近的小学。还有些孩子的家长不想看到孩子好不容易建构起来的良好的人格状态，被未来不懂得保护孩子的老师给破坏掉，所以不想选择只注重考试和学习知识的学校。

2007年5月9日的《文摘报》里有一篇这样的文章：

美国文化的核心价值

也许国内的读者会觉得，一个已经读到五年级，马上就要毕业的美国小学生，对数学能力的要求仅限于加减乘除运算，未免水平太低了。

我婆婆退休前是搞幼儿教育的，她看到美国小学生整天"都在玩"不免叹气。她对我说，施嘉特今年五年级，马上就小学毕业了，要是在中国，学生的压力已经很大，整天埋头做功课。可是你看这孩子，每天放学就出去和一群野孩子打美式橄榄球、踢足球……疯玩，做作业、弹钢琴的时间那么少，你做母亲的要抓紧啊！我说，施嘉特在学校成绩几乎全A，除了偶尔失手，有时候连着拿几个100分回来。对美国小学生来说，我觉得够了。小学教育不是精英教育，我更注重他运动、课外活动、交友联谊

第七章 幼儿园毕业了

等的全面发展。

当然,婷婷还是不满意,她说美国的功课太松、作业太浅,估计考试也很容易。她强调,我们中国人讲究打基础——扎实的基础。其实,美国人也讲究打基础。只是中国所谓的"基础",和美国人的基础不同罢了。美国人讲究做人的底线,这种观念就是从小培养的。美国小学生要打的基础是做人的自信、诚实、善良、公正、包容,以及独立自主的意识,也就是说,他们从小就学会了美国文化的核心价值,而不是为这个核心价值服务的知识。

……

温娜觉得小西的幼儿园所做的与美国人所做的有相似之处。这个学前班虽然也在学习、认字和写字,但他们是让孩子有兴趣地投入字所表达的内容上,提高孩子对人类精神的感受和了解,而不是只把孩子的注意力放在要反复练习的写字的技术上。

数学也是这样,他们努力地在数学课堂上让孩子们发现这个世界上有数学这样一个领域,在数字的海洋去探索、去发现,并使每个孩子因为自己的发现获得成就感,从而热爱这个探索,而不是只在表面上计算算式并算出正确答案。所以,这里的孩子在算数的时候真的是用他们自己对数学的理解在计算,而不是一口就说出答案。

很多家长不理解,觉得这里学前班的孩子怎么那么笨,算题的时候还要扳着手指、脚趾算。现在很多学前班的孩子,两位数的加减法不管多大的数字都能一口说出答案。但不少孩子过一段时间没学习,或把已经会算的算式变换几种形式,让他们来计算,他们就不会做了。而小西班的孩子,能创造出完全令人意想不到的算式,并推理出其他答案的算式。看来,只掌握一种方法,没有感受和理解,这是一种低状态的学习,以这样的低状态让孩子进入学习,对孩子来说是一种生命的浪费。

宝宝入园那些事儿

小西所在的学前班开的课程包括语文、数学、英语、美术、音乐、体育、还有手工。上了一段时间之后，小西有了明显的变化，孩子变得更加有责任心，对所学到的知识很有兴趣去探索和研究，对玩具、过家家之类的游戏不再感兴趣了。看见路边的字牌，小西会大声读给妈妈听，还经常问爸爸妈妈那几个字怎么读、什么意思。和妈妈一起去买菜，会热情地帮妈妈算应该给多少钱，应该找回多少钱。小西的学习热情令温娜极其欣慰。

学前班开学时，老师们就说了，我们的学前班主要目的是培养孩子对将要学习的内容的热爱和兴趣，还要给孩子一个良好的文化起点。如绘画是用来表达人们内心思想情感和感受的，老师更多的是让孩子理解怎样通过绘画来表达自己，让孩子对下一次用绘画的语言来表达自己更加有信心和有意识，这和在幼儿园时的涂鸦完全不同。

小西的学前班老师也从来不试图让孩子画出漂亮的作品来取悦家长，所以小西在学前班画的画，跟在美术工作室画的画完全不一样。听着小西对自己作品的解释，温娜意识到，如果哪个工作室胆敢让孩子画这样的作品，那这个工作室就要倒闭了。因为孩子们的画看上去是那么的不起眼，如果孩子不解释，成人会觉得孩子的画什么也不是，更别提艺术品了，而这样的画是孩子真的在用自己的语言表达。

有时令她和老公都很感动的是，小西为了做完老师的作业，到吃饭的时候都要坚持完成作业才吃。从小的良好习惯真的太重要了，小西他们从小就被培养得自然专注地做自己的事，老师布置的家庭作业都是孩子们极喜欢做的事情。这些事情既给孩子制造了需求，又帮孩子学习了技巧，同时又能提高孩子对学习的兴趣，真是一举几得。

温娜意识到，其实人们用了几十年学习的文化知识，学习的绘画技术，

第七章　幼儿园毕业了

学习的音乐技术，都是人类用来表达自己的，只不过使用的表达方法不同而已。

如果人们苦练几十年只是为了展示自己技巧的高超，不是为了用掌握的工具来表达自己独有的感受，并且能愉悦自己、愉悦他人的话，这些知识对人类又有什么意义呢？

认识到这一点，温娜觉得孩子的入门学习真是太重要了，幼小衔接尤其重要。启蒙启的是什么样的蒙，这可能不是那些让孩子提前学习小学课本内容的人能意识到的。如果能意识到，他们就不会给孩子提前学习小学的知识了，因为那样会造成孩子在小学之初不用费什么劲，就能成为优秀学生，而且重复学习会造成孩子对所学内容失去兴趣，更不要说探索和研究了。那些老师教的时候也会忽略孩子们内在的文化需求，而只是快速地将孩子们要学的内容划过，去追求对孩子们来说更有难度但对将来的生活没有任何意义的一些学习内容，造成孩子们厌学和三年级现象。也就是说，一、二年级的学习内容在幼儿园都学过或者接触过了，给孩子们的感觉是，所有内容都是容易的，不用动脑筋就知道。由于在一、二年级没有养成良好的学习习惯，失去了学习的热情，幼儿园积累的两年知识期过后，到了三年级，开始接触以前没有学过的学习内容的时候，很多孩子会发现自己突然变成了笨孩子，家长也发现自己孩子学习突然不行了，就会简单地认为是孩子学习不努力，或者以为孩子真的很笨。于是，指责、训斥、冷脸……

孩子失去了家长和老师的赞赏目光，有的孩子开始恐惧去学校，更多的孩子开始厌学。他们变得极其不专注，内心的痛苦使他们尽量推迟写作业的时间，或者边写边玩，按时完成作业成了家长和老师都头痛的事情。

这个时候，成人跟孩子的冲突就变得越来越尖锐，孩子学习的历程成了孩子和家长泯灭亲子情感的历程，也成了孩子丢失自信和自尊的历程。

对于这样的学习，温娜太熟悉了，因为自己和老公都是在这样的学习体制下长大的。尽管学习和考试都没有问题，但是并不认为自己是能够很好地使用自己所掌握的知识的人，也很少为自己的学习而自豪。

温娜不想让自己的孩子在那样几十年的窒息生活中丧失作为一个人最基本的宝贵资源。在小西上的幼儿园已经毕业的六七批孩子，他们在上各种各样的小学。这些孩子在上小学之初，无论是写字的熟练程度，还是对知识的掌握程度，都显得比其他孩子困难一些。但是度过了这段时期，他们曾经练就的承受繁重学习的心理素质，让如今自己能克服学习困难而自豪，并由此更加自信。大多数孩子反而更加喜欢现在的学校，不愿意回到只是玩耍的幼儿园。他们有能力通过自己的努力把学习搞好。最重要的是，他们显示出专注听课，跟着老师思考和对文化课的享受，这对人来说才是最重要的特质。

这个幼儿园出去的孩子有全优的学生，也有学习一直很普通的孩子，但是他们都很自信，大都能热情地做自己的事情，并且创造出令自己兴趣盎然的生活内容。如果小学也能够以这样的方式来教孩子们知识，孩子上学就不会让父母觉得是个沉重的负担。

现在温娜还是得考虑一年后为小西选小学的事情，她跟老公商量："如果实在不行，就选国际学校。"老公听了，眼珠子又瞪得老大，因为最便宜的国际学校也要一年十万的学费。但老公还是说："好，拼命挣钱吧。"

温娜相信肯定有很多种帮助孩子准备好进入小学的办法，但在孩子来到这个世界的那一天，家长就应该为孩子形成良好的性格和良好的生活习

第七章 幼儿园毕业了

惯负责。孩子并不知道自己需要什么，家长不能把孩子想要的东西全当成孩子的需要。如孩子想要随心所欲，但他们需要遵守人群规则和自律。如孩子想要吃垃圾食品，但他们需要健康。所以父母必须保持理性才能为孩子负责。如果在养育孩子的过程中，家长对孩子从来都没有要求，那就是不负责任了。

温娜工作的幼儿园每年都会接纳从德国来的高中毕业的小义工，那些十八九岁的男孩子大都多才多艺，并明确地知道自己将来要干什么。他们自信、阳光、天然、单纯，而且他们很懂礼貌，也很守规矩，不像我们很多十八九岁的孩子，为了学习一些文化课以外的技能，被搞得痛苦不堪，最后虽然拥有了这个技能却丢失了本该有的自信和阳光。温娜猜测，可能人家的父母各方面都做得很到位吧。既给孩子自由，又对孩子有要求；既不逼迫孩子学习，又引导孩子发现学习的乐趣和需要。如果小西一直能在像这个幼儿园一样的小学、中学、大学学习，那小西一定会在一定的时间自己要求学很多东西。因为现在温娜已经看到了这种迹象，小西今天要求去学跳水，明天又要去学芭蕾，还扬言以后要当医生。这就是孩子，他们天生需要学习，但家长要知道怎样帮助他们。

温娜认为她的一个朋友就做得很好，她的孩子不喜欢回答老师的问题。朋友说："我女儿不回答老师的问题，主要是没信心，这个孩子属于那种有百分之三百的信心才有可能举手的孩子。为了这个问题老师曾经多次找过我。我觉得这是个问题，必须要和孩子的老师沟通好，老师理解了这一点，对我女儿也不强求，而是有机会就鼓励她。终于有一天，女儿主动举手了，老师高兴地给我打电话，说我女儿今天主动举手回答问题了。真的很感谢这位老师。"

　　还有一个朋友的孩子不爱写作业，妈妈找了班主任，找了任课老师，希望老师们不要勉强孩子写作业。结果这个孩子三年级开始喜欢数学，数学作业完成得很好；四年级开始喜欢语文，语文作业又完成得很好；六年级了不会写字母，老师和家长都不逼他。后来孩子上初中了，他觉得学英语有用了，开始对英语感兴趣，用了一个学期补习，从此以后英语成绩也突飞猛进。

　　当然同样的等待不一定出现同样的结果，也许孩子一辈子都不喜欢或不适应文化学习，只适应与技术和体力相关的工作。夏山学校（位于英格兰东萨佛郡的里斯敦村，1921年由教育家尼尔创办）不就是这样为适应孩子而设计教育的吗？温娜并不认为所有的学校都应该办成夏山学校。但通过上面的案例和夏山学校的那些孩子所表现的特点，家长和老师应该能看到孩子的兴趣是学习的动力，孩子对学习有动力就等于给孩子装上了内在学习的发动机，有了发动机孩子就有使不完的劲儿。最重要的是，他们的学习生活不再让他们感到厌烦和痛苦，这样的孩子也不会为学习而自杀。其实成人是可以为孩子装上这个发动机的，但大多数情况是，老师和家长在拿走孩子的发动机，在破坏这个发动机。

　　温娜从网上和朋友孩子的这些事情中感受到的是，让孩子适应小学，首先要做准备的是家长，就像当初小西上幼儿园的时候，其实很多问题都是自己的心态和认识造成的，只是自己当时不自知而已。如果家长们能了解一些儿童成长规律和学习机制，了解自己孩子的气质特点和学习类型。比如有的孩子属于视觉型，怎样从视觉入手培养孩子对将来要过的学习生活的兴趣；有的孩子属于听觉型，怎样从听觉入手培养孩子对未来学业的兴趣；有的孩子属于触觉型……父母只要注意到孩子的个体特征，找到他

第七章 幼儿园毕业了

的强项，沉得住气，静得下心，平和而坚定地让孩子走自己人生该走的路。在孩子未来的学习生涯中，家长用心陪伴，在孩子遇到困难时家长知道怎样帮助孩子，为孩子去做老师的工作，给孩子该有的自由，让孩子做生命中唯一的自己，而不是逼迫孩子成为完人。将孩子的强项拉长，孩子才会对自己越来越有信心。也就是说，家长放松的心，才是孩子成长最重要的阶梯。因为只有放松的情况下才能找到帮助孩子的正确方向。

温娜认为家长需要记住的是：孩子是需要你的帮助的，不要因为他没有达到你期待的那样而认为他不够好，而倍感焦虑。要给孩子一些犯错误的自由，因为他们是在错误中成长的。

李跃儿 贴心话

孩子适应小学的时候，家长需要给孩子心理营养，而不是焦虑和紧张。家长的焦虑和紧张一样会消耗孩子的心理力量。所以孩子在准备进入小学的时候家长也要做好心理准备，在孩子上小学的前几年里，家长一定要实实在在地帮助孩子度过入学的适应期，帮助他们学懂课程的内容，支持他们完成老师的作业。孩子经历了人生之初的快乐、忧伤、愤怒、喜悦后，内心会变得越来越丰富和成熟。

后 记

　　写完这本书之后,我迎来了芭学园的十年生日。回想这十年来实践芭学园的理想教育过程,我依然认为实际上幼儿园以及学校教育对于孩子只是第二环境,对孩子来说最重要的是家庭的环境。

　　在这十年中与我们一起努力实践这个教育的家长们,他们认定了对孩子有利的教育道路,认定了芭学园是一个好的幼儿园,但他们也看到了幼儿园实践的教育是需要家长一起成长的。于是,他们义无反顾地投入学习,想尽办法提升自己,其精神着实令人感动。芭学园的家长们凑在一起,他们把孩子也放在一起养,他们随时交流着对孩子行为的理解、对孩子问题的帮助,互相指导着对方,监督着对方。他们曾经争吵、辩论,有时候还会生气。最后,经历风雨后的成长,家长们也成了最好的知心朋友,他们的孩子在一起像是一个家庭里养大的兄弟姐妹,从芭学园毕业后无论去了哪个学校,过一段时间他们都要像家人一样聚到一起。芭学园的家长在一起利用自己的力量和资源无偿地帮助着幼儿园,最终幼儿园成为家长的心灵家园,成为孩子们美好的回忆,也将成为孩子一生都怀念的童年生活象征。最终家长获得了自己的成长,获得了一个优秀而美好的孩子。芭学园拥有了很多亲人一样的家长,他们永远惦记着芭学园,永远支持着芭学园,我想这就是理想的社会关系。

　　写完了这些,我对这个社会充满了信心,对我们的家长充满了感激,对读者朋友充满了爱和温情。感谢你们读这本书,感谢你们决心要为咱们人类养出一个好孩子。